© Ha Lo
Aarepark-Verlag, Aarepark 1, CH 5000 Aarau, Schweiz, 2016

Umschlaggestaltung: Reinhard Nowak, Schaffhausen
Titelbild: Landsgemeinde Hundwil © Herbert Maeder, Rehetobel

978-3-9522692-5-1 (E-Book)
978-3-9522692-6-8 (Print)

DOGMA DER DEMOKRATIE: DAS STIMMRECHT

Ein Vorschlag zur Reform:
Das Proportionalstimmrecht

Ha Lo

Inhaltsverzeichnis

Vorwort ix

Teil I: Ein schöpferischer Akt 1

Teil II: Analyse 13

1   Historische Entwicklung in Grundzügen 15
       1.1   Griechen: Los entscheidet Wahlen 17
       1.2   Landsgemeinden: Wer sich opfert, entscheidet 22
       1.3   Verfassungsdemokratien: Abstimmung, Wahl und Petition . 27

2   Direkt oder repräsentativ:
      Wer entscheidet demokratischer? 37
       2.1   Absolutheit und Grenzen 38
       2.2   Mehrheit hat immer Recht? 40
       2.3   Parlamentarische Willkür 42
       2.4   Kein Verfahren ersetzt Gewissen 45
       2.5   Regelung im Völkerrecht 49

Inhaltsverzeichnis

3	**Wer ist das Volk und was hat es zu sagen?**	**53**
	3.1 Männer und Frauen	59
	3.2 Status	61
	3.2.1 Besitz	*61*
	3.2.2 Staatsbürgerschaft	*65*
	3.2.3 Steuern	*69*
	3.3 Alter	71
	3.4 One man, one vote	75
	3.5 Mehrheit, Minderheit und Mathematik	79
	3.5.1 Die Zahl der Partizipierenden	*79*
	3.5.2 Betroffene, Profiteure und Ausgebeutete	*81*
	3.5.3 Mehrheitsentscheid: Effizient und unvollkommen	*86*
4	**Demokratie und Defizit: Zwingende Konsequenz?**	**91**
	4.1 Gemeinwohl und Egoismus	91
	4.2 Repräsentation und Stimmenkauf	96
	4.3 Vom Nachtwächter- zum Wohlfahrtsstaat	101
	4.4 Im Teufelskreis der Umverteilung	107
	4.5 Wer am Ende die Rechnung bezahlt	114

Teil III: Alternative **123**

5	**Gewichtetes Stimmrecht, Steuerstimmrecht oder Proportionalstimmrecht**	**125**
	5.1 Gleich und ungleich	127
	5.2 Stimmgewichtung	133
	5.3 Recht und Gerechtigkeit	138

	5.4	Steuern und Progression	145
		5.4.1 Historisches	*145*
		5.4.2 Progression	*147*
		5.4.3 Faktisches	*154*
		5.4.4 Progression und Mehrheit	*156*
	5.5	Stimmrecht gemäss bezahlter Steuern	159
		5.5.1 Bezugsrahmen	*159*
		5.5.2 »Oligarchie«	*165*
		5.5.3 Auswirkungen	*168*
6	**Aspekte in der Zukunft**		**171**
	6.1	Potentielle Reaktion	174
	6.2	Historische Erfahrungen	178
	6.3	Szenarien zur Einführung	180
	6.4	Sinnvollere Entwicklungen	184
	6.5	Rück- und Ausblick	187
7	**Literaturverzeichnis**		**191**
		Vom gleichen Autor:	203

Vorwort

> Imperial, mysterious, in amorous array:
> Democracy is coming to the U.S.A.
> **(Leonhard Cohen)**

Angeregt durch eine Beratung habe ich vor einigen Jahren eine rechtssoziologische Dissertation zu Geschichte, Entwicklung und Verwirklichung der Menschenrechte verfasst (Locher 2011). Die vierjährige Arbeit war eine intellektuelle Herausforderung, die mir erstmals in meinem Leben alles abverlangte und die dem entsprochen hat, was mir unter dem Begriff Studium vorgeschwebt ist.

Der Weg vom Anfang bis zur Fertigstellung erschien wie ein Gang über eine Theaterbühne, bei dem man sich unversehens in schwar-

Vorwort

zen Vorhängen verheddert und plötzlich nicht mehr weiss, wo sich Hinterbühne und wo sich Zuschauerraum befinden. Am Ende fand ich den Weg zur Fertigstellung und den Spass an geistiger Auseinandersetzung.

Irgendwann tauchte auf dem Radar der Begriff Demokratie auf, der mich in Beschlag nahm. Ich machte mich auf, zu einer Reise durch die Geistesgeschichte und die Literatur dieser Staatsform, und fand höchst Interessantes. Die demokratische Tradition ist über 2000 Jahre alt, doch in den letzten 200 Jahren gab es kaum mehr grundsätzliche Entwicklungen.

Dabei ist der Zustand vieler Demokratien aufgrund der Staatsschuldenkrise weltweit besorgniserregend. Wenn der Dominoeffekt der Bankenkrise von 2008 sich bei Staatsbankrotten wiederholt, drohen Unruhen, Not und Krieg. Vor diesem Hintergrund habe ich den Vorschlag eines gewichteten oder proportionalen Stimm- und Wahlrechts als Verbesserung entwickelt.

Bei dieser Arbeit durfte ich auf die wohlwollende Unterstützung meiner Frau zählen, der ich an dieser Stelle für ihr Verständnis danke, dass ich immer wieder mal mit geistiger Abwesenheit präsent war. Als Lektor hat Otto F. Beck mit seiner langjährigen Erfahrung

Vorwort

eine willkommene Unterstützung geboten und am Ende der Schreibarbeit mit kritischem Blick auf Wesentliches hingewiesen und auch Details nicht übersehen. Dafür danke ich ihm an dieser Stelle ganz herzlich.

Um abschreckende Fussnoten und den Eindruck wissenschaftlicher Form zu vermeiden, habe ich eine Verweisform gewählt, die direkt im Text entsprechende Quellen anführt. Der Lesbarkeit halber habe ich darauf verzichtet, die demokratischen Mitwirkungsformen Stimm-, Wahl- und Petitionsrecht in jedem Fall detailgenau aufzuführen, sondern verwende Mischformen. In der Regel ist dabei verständlich, welches Recht gemeint ist – in der Regel alle drei Formen; andernfalls ist es spezifiziert.

Nun wünsche ich Ihnen eine herausfordernde Lektüre und freue mich über Hinweise auf Fehler, ergänzende Informationen oder Kommentare an: locher@halo.ag.

Teil I:
Ein schöpferischer Akt

> Zwei Sozialhilfebezüger bestimmen,
> was ein Steuerzahler leisten muss.
> **(Kaspar Haldenbühl)**

Was denken Sie, wenn Sie das Wort Demokratie hören? In der Regel ist der Begriff mit positiven Werten und Vorstellungen verbunden. Demokratie ist etwas Gutes, steht für Fortschritt, Menschenwürde und eine lebenswerte Ordnung. Häufig wird er mit Assoziationen wie Rechtsstaat, Gerechtigkeit oder Gewaltenteilung verbunden und damit falsch- oder überinterpretiert. Der ehemalige Schweizer Bundesrat Moritz Leuenberger ist ein Beispiel dafür, wie die Demokratie mit übersteigerten Erwartungen aufgeladen wird: Sie solle mehr als eine Organisationsform sein, nämlich eine gute Staatsform und ein Rechtsstaat, »ein Prinzip, das die Würde und das Selbstbestimmungsrecht der Menschen zum Inhalt hat« (Leuenberger 2015).

Im Namen der Demokratie und zu ihrer Verwirklichung werden auch Bürgerkriege wie jüngst in den nordafrikanischen Staaten ausgefochten. Mit dem Begriff wird eine so grosse Vielfalt von Phänomenen bezeichnet, dass sich über Demokratie fast unendlich viele Aussagen machen liessen (Nef). Wer sich näher mit dem Kern der Demokratie beschäftigt, stellt aber mit Verwunderung fest, dass seinem zentralen Element kaum mehr Beachtung geschenkt wird: Wie herrscht ein Volk über sich selber? Wie legt ein ganzes Volk fest, wie es sich selber organisieren will? Wie kann es über gemeinsame Angelegenheiten abstimmen, also beschliessen, dass es für alle »stimmt«?

Was bedeutet eigentlich Demokratie im Wortsinn? »Das griechische *demokratia* setzt sich aus den beiden Wörtern *demos* (δῆμος, Volk oder Gemeinde) und *kratein* (κρατειν, herrschen) zusammen und bedeutet folglich 'Volksherrschaft'« (Merkel 2013, S. 100). Die etymologische Erklärung des griechischen Begriffs definiert das Volk als Herrscher. Das beantwortet aber weder die Frage, wie denn ein Volk über sich selber herrscht noch wer zum Volk gehört. Die Frage nach dem Volk ist leichter zu beantworten als die Frage, wie denn eine Versammlung von einigen Hundert Menschen herrscht; geschweige denn, wie ein Staatsvolk von einigen Millionen Köpfen sich eine Meinung bildet und einen Entscheid fällt, ohne den Herrschaft nicht denkbar ist. Die Frage nach dem Verfahren der Entscheidungsfindung wird in Kapitel 2, jene der Definition von Volk im Kapitel 3 behandelt.

Teil I: Ein schöpferischer Akt

Zum Wortsinn von Demokratie sei hier bemerkt, dass interessanterweise kaum je von »Demokratismus« die Rede ist. Die Endung »-ismus« deutet häufig auf eine Ideologie hin, also ein totalitäre Überzeugung: Faschismus, Kommunismus, Sozialismus, Fanatismus. Eine Ausnahme von dieser Regel ist die Bezeichnung »Sozialdemokratismus«, die der Vorsitzende der deutschen FDP, Christian Lindner, gebraucht hat (Riecker 2015), um auf den zunehmenden Umfang von Staatswirtschaft, Staatseingriffen und Umverteilungsstaat hinzuweisen. Eine totalitäre Demokratie ist eigentlich nicht denkbar, weil es nicht vorstellbar ist, dass alle zu einem Entscheid berechtigen Personen einer Meinung sein werden und einen Entscheid mit 100 Prozent Zustimmung fassen.

Das hat Jean Jacques Rousseau schon 1762 als einer ihrer geistigen Väter erkannt: »Nimmt man das Wort in der ganzen Strenge seiner Bedeutung, so hat es noch nie eine wahre Demokratie gegeben und wird auch nie eine geben.« (Rousseau, deutsche Ausgabe, 1946, S. 81). Der politologischen Doktrin, dass Einstimmigkeit wegen gegensätzlicher Interessen innerhalb der Gemeinschaft nicht möglich sei, widerspricht die ökonomisch-spieltheoretische Auffassung. Sie erläutert das am Beispiel privater Verträge, die gegensätzlichen Interessen zum Vorteil der Beteiligten ausgleichen: Jemand will kaufen, der andere verkaufen. Übereinstimmung sei darum der ultimative Test für gemeinsamen Nutzen, was auch im politischen Entscheidungsfall machbar wäre (Buchanan und Tullock 1987, S. 252).

Wie funktionieren andere Formen von Herrschaft? In der Diktatur ist die Sache relativ einfach: Der Diktator diktiert; er entscheidet und setzt sich durch, sofern seine Macht ausreichend gross und gefürchtet ist. Er ist allein und für die Meinungsbildung genügen ihm in der Regel ein paar kopfnickende Ergebene, die Befehle getreulich ausführen. In der Oligarchie ist ausreichend, wenn der herrschende Zirkel im kleinen Kreis beschliesst oder sich zu einem Entscheid zusammenrauft, um eine Angelegenheit zu regeln und ebenfalls mit Macht durchzusetzen. Parteidiktaturen wie Kommunismus, Sozialismus, Faschismus oder Nationalsozialismus verschmelzen die beiden genannten Formen. Sie vermögen dabei eine grosse Zahl von Parteimitgliedern zumindest pro forma in den Entscheidungsprozess einzubeziehen und sorgen mittels Propaganda, Unterdrückung abweichender Meinungen und manipulierten Abstimmungen für fast hundertprozentige Zustimmungsraten. Die Erfahrung hat gezeigt, dass derartige, »einstimmige« Entscheide keine Garantie dafür sind, dass sie in der Wirklichkeit funktionieren und sich langfristig bewähren: »Wide acceptance of an idea is not proof of its validity« (Brown 2009, S. 79).

Teil I: Ein schöpferischer Akt

Die Demokratie steht vor der unvergleichlich schwierigeren Aufgabe, alle Mitglieder des Volkes am Prozess von Meinungsbildung und Entscheidung zu beteiligen und so über die Art der Herrschaftsausübung über sich selber zu befinden. Damit sind wir beim Kern: Demokratie ist eine Methode institutionellen Vorgehens, um zu einer politischen Entscheidung zu kommen. Jedes beteiligte Individuum hat dabei die Möglichkeit, sich aufgrund widersprüchlicher Argumente eine Meinung zu bilden, und das Recht, ein Votum abzugeben. Die Definition von Joseph Alois Schumpeter im Wortlaut: »And we define: the democratic method is that institutional arrangement for arriving at political decisions in which individuals acquire the power to decide by means of a competitive struggle for the people's vote« (Dahl et al. 2003, S. 9).

Wer aber bestimmt denn das Verfahren, das zu einer politischen Entscheidung führt? Im Grunde genommen muss dieses Verfahren aus dem Nichts geschöpft werden; es ist ein schöpferischer Akt, bei dem jemand oder mehrere Personen Regeln erfinden, wie diese demokratische Methode ausgestaltet wird. Es gibt dazu kein allgemeingültiges oder generell akzeptiertes Modell. Seine Qualität misst sich einzig daran, ob das Regelwerk von jenen akzeptiert wird, die es anwenden sollen: vom Personenkreis, der das Volk bildet, und ob sich das Verfahren in der Realität bewährt. Es gibt Autoren, die

Teil I: Ein schöpferischer Akt

den Prozess, in dem eine Gesellschaft die Regeln für ihre Lenkung bestimmt, als Politik bezeichnen« (Acemoglu und Robinson 2013, P. 1454). Als Politik wird in der Regel aber eher verstanden, wie das definierte oder erschaffene Regelwerk im Zeichen der Meinungsbildung umgesetzt und zu einem Entschluss geführt wird. Dieser Prozess stellt für Friedrich A. von Hayek den Hauptvorteil der Demokratie dar, weil daran ein grosser Teil der Bevölkerung teilnimmt oder zumindest teilnehmen könnte (Hayek 1983, S. 133).

Das Schöpfen oder Erschaffen einer demokratischen Methode ist aber mehr als Politik. Es ist der Zeugungsakt der Demokratie: Eine Verfassung oder ein vergleichbares Regelwerk wird von einigen Personen »erfunden«. Darin wird festgelegt, wie im konkreten Fall demokratischer Herrschaft gestaltet wird. Im Idealfall findet dieses Regelwerk die Zustimmung jener, die von der Verfassung als »das Volk« definiert werden: »Irgendwo müssen neue Ansichten zuerst auftreten, bevor sie die Ansichten der Mehrheit werden können,« stellt Hayek trocken fest (Hayek, Friedrich A. von 1983, S. 134). In vielen Fällen aber entbehrt schon diesem Zeugungsakt eine demokratische Legitimation: Eine Volksabstimmung, die das Geschaffene akzeptiert und damit festlegt. Beispielsweise ist das deutsche Grundgesetz von 1949 von den westlichen Alliierten als Siegermächten formuliert und dann von Deutschen Parlamenten verabschiedet worden – ohne Volksabstimmung und damit

Teil I: Ein schöpferischer Akt

wirklich demokratische Legitimation. Das Vereinigter Königreich Grossbritannien und Nordirland kennt bis heute keine geschriebene Verfassung im Sinn eines einzigen und einheitlichen Dokuments. Die Demokratie basiert auf einem System von Regeln und Prinzipien, die in verschiedenartigsten Dokumenten festgehalten sind.

Demokratie ist eine menschliche Erfindung, eine Errungenschaft der Zivilisation und eine kulturelle Leistung. Sie ist weder in der Natur vorgegeben noch biologisch dem Menschen angeboren und gerade deshalb ist Demokratie ein höchst fragiles Werk (Dobelli 2011, S. 61). Der ehemalige britische Premierminister Tony Blair warnt vor der »Selbstgefälligkeit« demokratischer Staaten. Ein allgemeines Wahlrecht genüge nicht, um eine gute Regierung zu bekommen (Blair 2010, S. 787) – und schon gar nicht ist sie eine Garantie für die Dauerhaftigkeit einer demokratischen Ordnung. Das Ermächtigungsgesetz des demokratisch gewählten Deutschen Reichstags von 1933, der Start zur nationalsozialistischen Katastrophe im 20. Jahrhundert ist dafür der berühmt-berüchtigte Beleg. Als Reaktion darauf ist von Hans Kelsen die Verfassungsgerichtsbarkeit entwickelt worden, um die absolute parlamentarische Souveränität einzuschränken (Müller 2011, S. 69).

Das demokratische Verfahren ist nur eine Methode, ein Parlament zu wählen, über Verfassung oder Gesetze zu befinden oder generell

Teil I: Ein schöpferischer Akt

gesagt: Wie Menschen gemeinsam ihr Zusammenleben, ihre gesellschaftliche Ordnung organisieren. Das Verfahren bietet keine Garantie dafür, dass eine menschliche und lebenswerte Gesellschaftsform entsteht und bestehen bleibt: »Demokratie dient nicht einem vorab bestimmten Glück, sondern ist ein Verfahren für gemeinschaftliches Handeln, ohne vorab geklärt zu haben, was Glück ist. Demokratie ist insofern inhaltsfrei. Demokratie als Verfahren, als Mechanismus ist wertneutral.« (Ladenthin 2012). Im Folgenden wird die Begrifflichkeit in Bezug auf die politische Mitsprache bewusst unscharf verwendet: Mitsprache, Petitionsrecht, Stimmrecht, aktives und passives Wahlrecht, politische Rechte etc. Gründe dafür sind Aspekte der Lesbarkeit und das Anliegen, juristische Kategorien zu vermeiden, um die Verständlichkeit auch für Nichtjuristen zu gewährleisten sowie das Anliegen, die Thematik auf einer möglichst abstrakten Ebene zu behandeln. Damit soll dafür gesorgt werden, dass dieses Manifest für repräsentative und direkte Demokratien als die heute zentralen Formen vorstellbar wird.

Ohne Menschen, die ihrem eigenen Gewissen verpflichtet sind, nach ihrer persönlichen Überzeugung handeln und entscheiden, bleibt Demokratie eine Hohlform ohne Gehalt, Sinn und Wert. So wie die demokratische Methode der Volksherrschaft aus dem Nichts geschaffen werden muss, so braucht die Demokratie Menschen mit Wertvorstellungen und Überzeugungen, die das demokratische Verfahren mit Leben und Geist füllen, damit eine lebenswerte Rechtsordnung entsteht und diese fortdauert. Der schöpferische Akt, eine demokratische Ordnung zu kreieren, erfordert eine geistige Leistung; der Fortbestand verlangt nach geistiger Kraft – beide sind der Demokratie nicht inhärent, sondern sind Kräfte, die von ausserhalb kommen müssen oder als menschliche Qualitäten unabhängig davon existieren müssen: »Ein Volk, das sein politisches Leben demokratisch organisiert und einrichtet, muss die Kraft und Bereitschaft haben, sie auszuhalten. Die Demokratie ist so gesehen durchaus eine anspruchsvolle, ja vielleicht sogar schwierige Staatsform; sie hat ein breites Fundament politischer Kultur zu ihrer Voraussetzung.« (Böckenförde 1983, S. 33)

Teil II:
Analyse

1
Historische Entwicklung in Grundzügen

> Frei ist nur, wer seiner Stärke
> bewusst und gefürchtet über den
> Frieden im eigenen Hause wacht.
> **(Albert Grubenmann)**

Die Idee der Demokratie ist über 2000 Jahre alt. Das ist der Stand des Wissens aufgrund der vorhandenen Quellen der abendländischen Geschichte; es ist also nicht auszuschliessen, dass vergleichbare Konzepte der Herrschaft vorher bestanden, aber nicht in den uns bekannten Quellen auftauchen. Es geht hier auch nicht darum, eine umfassende historische Darstellung zu unternehmen. Es soll in diesem Kapitel vielmehr darauf fokussiert werden, wer denn die demokratischen Spielregeln erfunden oder bestimmt

Teil II: Analyse

hat, und vor allem, wer an dieser Form der Herrschaftsausübung mitwirken durfte und warum, beziehungsweise weshalb nicht. Der Zusammenhang zwischen Stimm- und Wahlberechtigung und der Stellung der berechtigten Personen begründet das in Kapitel 5 präsentierte Konzept des politischen Gewichtes von Personen oder des proportionalen Stimmgewichtes.

Die ältesten bekannten Wurzeln finden sich in den griechischen Stadtstaaten. Aufgrund der bescheidenen Grösse und des limitierten Kreises von Mitwirkungsberechtigten liess sich diese mögliche Urform im Rahmen von Versammlungsdemokratien organisieren, wofür keine aufwendige oder anspruchsvolle Struktur notwendig war. Nach dem Untergang der hellenischen Antike verschwand die Idee während über 1000 Jahren von der Bildfläche und tauchte erst im Spätmittelalter in der kleinräumigen Eidgenossenschaft und in westeuropäischen Stadtstaaten wieder auf (Moeckli 2013, S. 31). Die feudalistische Ordnung konnte sich vermutlich so lange behaupten, wie sie den Leibeigenen und Untertanen genügend Schutz bieten und sie soweit ernähren konnte, dass sie als Arbeitskräfte und »Kriegsmaterial« zu dienen vermochten. Die Verheerungen der Pest spielten mit eine Rolle bei der Wiederentdeckung der Demokratie: »Der massive Arbeitskräftemangel, der durch die Pest entstand, erschütterte die Feudalordnung in ihren Grundfesten. Dadurch wurden die Bauern ermutigt, Änderungen zu verlangen.« (Acemoglu und Robinson 2013, S. P 1798)

Historische Entwicklung in Grundzügen

Die Entwicklung in den letzten 250 Jahren lässt sich im Wesentlichen auf vier Staaten konzentrieren: England, Vereinigte Staaten von Amerika, Frankreich und die Schweiz. Sie weisen je unterschiedliche Ansätze auf und diese Traditionen haben verschieden lange historische Traditionen. Sie haben sich gegenseitig beeinflusst, befruchtet und beflügelt: die »Bill of Rights« generell die Verfassungsidee und die Menschenrechte; die französische Revolution die Helvetik in der Schweiz; die amerikanische Verfassung die schweizerische Bundesverfassung von 1848; es liessen sich viele weitere Bezüge und Einflüsse auflisten. Die Schweizer Landsgemeinden dürfen im Rahmen dieser kurzen geschichtlichen Einführung beanspruchen, die längste unbrochene Tradition von Versammlungsdemokratien zu verkörpern: vom Spätmittelalter bis in die Gegenwart (Moeckli 2013, S. 32). Schliesslich hat sich bei der Analyse individueller Präferenzen von Verfassungsregeln gezeigt, dass es rational sinnvoll ist, überhaupt eine Verfassung zu haben. (Buchanan und Tullock 1987).

1.1 Griechen: Los entscheidet Wahlen

Die griechische Demokratie im Stadtstaat Athen bestand aus Volksversammlungen. Teilnahmeberechtigt waren Männer, die über 20 Jahre alt waren und gegenüber dem Staat keine Schulden hatten. (Szpiro 2011, S. 5) Wie und warum dieser Kreis der politisch Stimmberechtigten festgelegt wurde, kann hier offen blieben. Bemerkenswert daran aber sind die Kriterien, die auch in andern Demokratien für die Gewährung politischer Rechte immer wieder eine Rolle spielen: 1. Das Geschlecht, womit etwa die Hälfte der Bevölkerung ausgeschlossen blieb. 2. Das Alter von mindestens 20 Jahren, das heute zum Teil für das politische Stimmrecht tiefer liegt (Schweiz: 18). Es wurde auch schon über obere Limiten diskutiert, dass also nach einem bestimmten Alter Personen kein Stimmrecht mehr haben sollten, bisher aber nirgendwo eingeführt. 3. Eingehaltende Verpflichtungen gegenüber dem Staat: Wer seine Schulden (Steuern, sonstige Abgaben) nicht bezahlt hatte und somit gegenüber dem Staat seine Pflichten nicht erfüllt hatte, wurde vom »Volk« der Stimmberechtigten ausgeschlossen. Der Kreis der Berechtigten wird also willkürlich festgelegt – im Wortsinn: Es wird willentlich, begründbar oder auch subjektiv-zufällig bestimmt, wer demokratisch mitentscheiden darf. Frauen und Sklaven waren ausgeschlossen; die Bevölkerung als die Gesamtheit aller Menschen von Athen war also nur zu einem kleinen Teil demokratisch beteiligt.

Die Athener Volksversammlung fand alle 12 Tage statt (Meier 2012) und hatte die Aufgabe, aus ihrem Kreis die 500 Mitglieder des Rates zu bestimmen, welcher wiederum die Geschäfts der Volksversammlung vorzubereiten hatte. Schon in demokratischer Urzeit etablierte sich also eine Art parlamentarische, repräsentative

Historische Entwicklung in Grundzügen

Demokratie, welche die Herrschaftsgewalt an ein kleineres Gremium delegierte, um die nötige Effizienz an politischer Steuerung zu erreichen. Die Vollversammlungsdemokratie hatte sich wohl nicht erst bei der Studentenbewegung im 20. Jahrhundert als wenig praktikabel erwiesen. Bestimmt wurde der Rat aber nicht durch ein Wahlverfahren mit Stimmzetteln und Urnen oder durch offenes Mehr mittels Handerheben, wie das die Schweizer Landsgemeinden zu tun pflegen; gewählt wurde durch Losentscheid. Aus heutiger Sicht scheint dieses Wahlverfahren kaum mehr akzeptabel, weil es völlig zufällig Mitglieder der Volksversammlung zu Ratsmitgliedern kürt. Die heutige Vorstellung, dass sich in einem aufwendigen Wahlkampf am Schluss der Beste oder die Besten durchsetzen, ist aber ebenfalls zu hinterfragen. Rhetorische Fragen: Soll überhaupt ein Parlament aus »Besten« bestehen und wer bestimmt, was diese als »beste« qualifiziert?

Das politisch berechtigte Athener Volk muss nicht zwingend intelligenter oder begabter gewesen sein. Es verkörperte einfach die willkürliche Zusammensetzung des herrschenden Souveräns. Wenn der Rat als Teil dieses Volkes mit 500 Mitgliedern das Volk repräsentieren soll, dann ist der Losentscheid mathematisch durchaus geeignet, eine repräsentativ stichhaltige Auswahl zu treffen. Ältere, jüngere, intelligentere, praktischere, erfahrenere und unerfahrenere Menschen werden anteilsmässig etwa gleich gut

Teil II: Analyse

im Rat wie in der Volksversammlung vertreten sein. Es geht beim Losentscheid also wirklich um eine repräsentative »Stichprobe« oder Vertretung. Der Rat versammelt ähnliche Qualitäten und Fähigkeiten wie die Volksversammlung, ist wirklich Sinn des Wortes repräsentativ und auf die Zahl von 500 Männern beschränkt. Das erlaubt eine parlamentarische Beratung von Geschäften, die im Rahmen einer Volksversammlung mit Tausenden von Beteiligten nicht mehr vorstellbar oder machbar wäre. Der Losentscheid zielt nicht auf die Wahl der (vermutlich) besten oder geeignetsten Vertreter ab, sondern bezweckt einen repräsentativen Querschnitt des Souveräns und eine Dimension, die eine Beratung von Geschäften erlaubt. Er vermeidet insbesondere, dass nur die »politisch« Interessierten zum Zuge kommen, dass sich Kandidierende profilieren müssen und dass diese aufwendige Kampagnen finanzieren müssen. Gerade dieser Aspekt sorgt dafür, dass Wahlversprechen gemacht werden, die für die Demokratie zur existenzgefährdenden Belastung werden (dazu mehr unter Kapitel 4).

Montesquieu meint, der Losentscheid verkörpere geradezu das Wesen der Demokratie und sei eine Art zu wählen, die niemanden kränkt. (Rousseau 1946, S. 132). Das Los hinterlässt keine »gekränkten« Verlierer, was für die Beteiligten von Vorteil ist, denn in der Demokratie sind Gewählte und Nichtgewählte nach jedem Wahlausgang darauf angewiesen, dass sie im Rahmen der demokratischen Ordnung weiter zusammenwirken statt sich die Köpfe einzuschlagen. Heute wird eine Kombination von Lotterie und Punktesystem als »vernünftige« Auswahl eingeschätzt (Collier): »Der Vorteil einer Lotterie: Jeder sieht, dass diese Verfahren fair ist (…) Prinzipiell finde ich es fair, dass man die Vergabe von etwas, was viele wollen, aber nur wenige haben können, durch das Los entscheidet.« Die Vereinigten Staaten handhaben so die Vergabe von Green Cards für den Aufenthalt, die Niederlande verlosen gar die limitierte Zahl von Medizinstudienplätzen unter den Geeigneten.

Die attische Demokratie mit der kurzen Amtsdauer von einem Jahr und der Vorschrift, dass niemand in Folge für eine zweite Amtsdauer und maximal zweimal gewählt werden kann, erhöht sich die Chance, beim nächsten Losentscheid gewählt zu werden. Von 40'000 Athener Bürgern hatte theoretisch mehr als ein Viertel die Chance, einmal während einer Generation dem Rat anzugehören (Meier 2012). Ausserdem hat jeder die gleiche Chance, überhaupt gewählt zu werden (Kriesi und Bochsler 2013, S. 23) – unabhängig von seinen Fähigkeiten, seinem »Namen« oder seinen pekuniären Möglichkeiten, eine Wahl zu beeinflussen. Die hohe Rotation im Rat der 500 ist auch eine Form der Machtkontrolle und Machtteilung, indem niemand über längere Zeit erhöhten Einfluss auf die demokratischen Entscheidungen erhält. Die Erfahrung zeigt ja in vielen Fällen, dass immer wieder demokratisch gewählte Vertreter im Amt eine Lust an der Macht entwickeln und den Bezug zur demokratischen Legitimität verlieren, was sie dazu verleitet, Verfassungen abzuändern, um eine weitere Wiederwahl oder die Verlängerung ihrer Amtszeit oder mit andern Mitteln die Erweiterung ihrer Machtbefugnisse zu erreichen (u.a. Hugo Chávez, Venezuela 2007; Wladimir Putin, Russland 2010; Recep Tayyip Erdoğan, Türkei 2010) Sie sollten sich diese Erkenntnis vor Augen halten: »In jeder wahren Demokratie ist ein hohes Staatsamt kein Vorteil, sondern eine beschwerliche Last (…) Nur das Gesetzt kann sie dem auferlegen, den das Los trifft.« (Rousseau 1946, S. 132)

1.2 Landsgemeinden: Wer sich opfert, entscheidet

Die Landsgemeinden in der Schweiz haben die längste direktdemokratische Tradition (Moeckli 2013, S. 32). In einigen Kantonen dauert diese bis in die Gegenwart an; andere haben diese Form der Volksversammlung abgeschafft oder nie gekannt. Ihr Ursprung liegt im Dunkel der Geschichte, doch gibt es verschiedene Hinweise darauf, dass ihr Kern auf die zentrale Aufgabe eines Staatswesen zurückzuführen ist: die Selbstverteidigung und Bereitschaft zur Kriegsführung. Wer bereit und fähig war, sich unter Aufopferung seines Lebens für die Verteidigung seines Landes, verstanden im Sinn von Territorium, der war auch berechtigt, über politische

Historische Entwicklung in Grundzügen

Fragen im Rahmen der Versammlungsdemokratie einer Landsgemeinde mit zu entscheiden. Der Kreis der politisch mitbestimmenden Personen, das »Volk« also, das zur Herrschaft legitimiert war, bestimmte sich durch die Wehrpflicht und die Wehrfähigkeit. Der Appenzeller Robert Nef bemerkt dazu: »Der Entscheid zur Beteiligung an einem Feldzug wurde von denselben Leuten gefällt, die nachher auch einrücken mussten, eine Identität von Beteiligten und Betroffenen, die gerade beim Kriegsdienst, bei dem die Gemeinschaft den Einsatz des Lebens verlangt, entscheidend ist. Da hat Aristoteles etwas Richtiges beobachtet. Für den Entscheid über Krieg oder Frieden – eine politische Grundfrage, sind jene Vielen, die die Folgen tragen tatsächlich kompetenter als die wenigen, die gegebenenfalls davon profitieren« (Nef, S. 10).

In Athen hatten die Bürger ihre Steuern zu zahlen, um stimmberechtigt zu sein; in den Landsgemeinden hatten sie die Pflicht, als Soldaten militärisch für die eigene Souveränität zu kämpfen. Dieser Zusammenhang wurde noch im 20. Jahrhundert in den beiden Halbkantonen Appenzell der inneren und der äusseren Rhoden dadurch symbolisiert, dass für den Zutritt in den »Ring« das Tragen einer Ordonnanzwaffe ausreichte. Ein Stimmausweis war nicht nötig, da sich alle Berechtigten kannten und jene, die aus dem Kanton weggezogen waren und aus Tradition an der Landsgemeinde als Zuschauer teilnahmen, aus Respekt vor der Tradition sich davor gehütet hätten, den Ring zu betreten. Dieser wurde durch Absperrseile gebildet und schied die Stimmberechtigten vom politisch nicht legitimierten Rest des Volkes.

Obwohl bei den Schlachten der Appenzeller gelegentlich auch die Frauen mit Heugabeln und Sensen kriegerische Qualitäten bewiesen haben sollen, waren sie »natürlich« bis in jüngste Zeit von der politischen Teilhabe ausgeschlossen. Wenn denn die »Weiber« tatsächlich Schlachten mitgewonnen haben sollten, ist dieses Konzept der demokratischen Legitimation – wer bereit ist, sein Leben zu opfern, darf auch stimmen – also nicht konsequent umgesetzt worden. Die Verbindung von Wehrwillen und Stimmberechtigung ist in mehrfacher Hinsicht bemerkenswert. Sie verknüpft die Verpflichtung zum Kampf und zur Aufopferung mit der ersten und wichtigsten Staatsaufgabe, ohne deren Erfüllung dem Staatswesen Legitimation und die Fähigkeit zur Selbstregierung fehlt: Schutz der Bevölkerung vor Krieg und Plünderung, Sicherstellung von Frieden, Freiheit und der selbst bestimmten Ordnung. Nur wer diese Pflicht übernehmen kann, darf auch über das Geschick und die Ordnung der Gemeinschaft mitbestimmen – insbesondere auch über die Frage von Krieg und Frieden.

Wenn nur Personen, die Krieg und das von ihm bewirkte Leid selber erlebt und erlitten haben, über Krieg und Frieden entscheiden dürften, wären wohl die meisten Kriegserklärungen nicht zustande gekommen. Parlamente beschliessen fern jeder Fronterfahrung und ohne die Gefahr, selber im Schützengraben oder Granathagel das Leben zu verlieren. Ludwig von Mises hat nach dem ersten Weltkrieg die Hypothese aufgestellt, das deutsche Volk habe im Krieg Erfahrungen gemacht hat, die es vom Krieg abgehalten hätten, wenn es eben diese Erfahrungen schon früher gemacht hätte (Mises und Leube 2014, S. 1). Leider hat die Erfahrung des 1. Weltkrieges Deutschland auch nicht davon abgehalten, sich in den 2. Weltkrieg zu stürzen. Die Warnung von Mises am Ende dieser Publikation zu Politik und Geschichte der Zeit hat sich als weitsichtiger erwiesen: 1919, ein Jahr nach dem Ende des 1. Weltkrieges und 20 Jahre vor dem Beginn des 2. Weltkrieges schrieb er: »Es wäre das entsetzlichste Unglück für Deutschland und für die ganze Menschheit, wenn der Revanchegedanke die deutsche Politik der Zukunft beherrschen würde« (Mises und Leube 2014, S. 181). Wann werden solch weitsichtige Denker ernst genommen?

Die Verbindung von Wehrbereitschaft und politischen Rechten mag nach einer der längsten, relativ friedlichen Periode in Europa als antiquiert und überholt betrachtet werden. Der fundamentale Kern wird damit aber wohl unterschätzt, was folgende Hinweise belegen mögen: Der Schwur der Horatier, die römische Republik auch unter

Teil II: Analyse

Hingabe ihres Lebens zu verteidigen, gilt als Fundament für den Erfolg der römischen Republik (Acemoglu und Robinson 2013, P. 2817). Die Opferbereitschaft kann auch Beleg dafür sein, dass für ein höheres Gut als das eigene Leben gekämpft wird; dass gestorben wird, um eine Idee am Leben zu erhalten: »Wenn das Individuum tatsächlich im Lauf der Revolte den Tod auf sich nimmt, so zeigt es dadurch, dass es sich opfert zugunsten eines Gutes, von dem es glaubt, dass es über sein eigenes Geschick hinausreicht« (Camus 1958, S. 19).

Diese Grundlegung der Demokratie verbindet den Kampf ums Überleben einer Gemeinschaft mit der Beteiligung an ihrer Gestaltung, was in der Regel auch auf den Schlachtfeldern zum Erfolg verhilft: »In jedem bedeutenderen Krieg seit 1700 war die demokratischere Partei siegreich« (Russell 1951, S. 26). Die Appenzeller verwendeten die Kriegsbeute aus solchen Erfolgen dazu, Witwen und Waisen von Gefallenen zu unterstützen, und schufen damit eine Art von Sozialversicherungssystem für die Hinterbliebenen, das gleichzeitig die Kriegslust von Landsleuten aus Habgier und zur persönlichen Bereicherung verhinderte (Grubenmann 1977, S. 397). Wer sich für den Staat nicht in dieser Weise einzusetzen vermag, ist nach Rousseau ein asoziales Element und nicht würdig, Bürger zu sein: »Der ideale Bürger setzt sich für den Staat bis zum Opfer des eigenen Lebens ein« (Voigt 2010, S.

Historische Entwicklung in Grundzügen

360). Anstelle der Aufopferung des eigenen Lebens tritt später die finanzielle Verantwortlichkeit des steuerzahlenden Staatsbürgers. Damit wird an die Verbindung bei den Griechen erinnert, die das Stimmrecht von der Bezahlung der Schulden gegenüber dem Staat abhängig gemacht haben. Das Recht zur Mitbestimmung ist abhängig von der Pflicht zum Mittragen von Verantwortung und der gemeinsamen Lasten.

1.3 Verfassungsdemokratien: Abstimmung, Wahl und Petition

Basis für eine zeitgenössische demokratische Ordnung ist nach heutigem Verständnis des Staatsrechtes eine Verfassung, über die ein Volksentscheid befunden hat: eine demokratische Abstimmung also. Selbst in Deutschland als grösster Demokratie in Europa mit einem beträchtlichen weltwirtschaftlichen Potential ist das bis heute nicht der Fall. Das hat damit zu tun, dass demokratische Ordnungen und Überzeugungen nicht verordnet werden können und die politischen Entscheidungsträger oder Mächtigen häufig vor dem »Volk« Angst haben. Solche Voten können nämlich den Machtanspruch der Machthaber relativeren oder gar gefährden: »Verfassungsreferenden werden bis heute als störend empfunden. Was die Technokraten aber am meisten stört, ist die Demokratie« (Enzensberger 2011, S. 32). Die gescheiterten Abstimmungen in Frankreich und den Nie-

Teil II: Analyse

derlanden über eine Verfassung für die Europäische Union von 2004 sind beredtes Zeugnis dafür, dass Politiker und Population nicht immer gleich ticken. Oder vielleicht sind Politiker nicht geneigt, ihre Macht durch eine Verfassung so stark zu beschränken, dass die Stimmberechtigten bereit sind, ihr zuzustimmen und ihre Macht abzutreten?

Das Abstimmen über eine Verfassung oder Sachfragen durch das Volk beziehungsweise eben die Stimmberechtigten bezeichnet man als direkte Demokratie, weil sie allen politisch Berechtigten die Möglichkeit zur direkten Einflussnahme bietet – zumindest mit der ihnen zustehenden Stimmkraft. Die direkte Demokratieform ist die Ausnahme von der Regel, obwohl sie die Legitimation im Sinn der Abstützung von Entscheidungen durch den Souverän zweifellos erhöht und damit der repräsentativen Form auch als überlegen gilt (Kielmansegg 2013, S. 138). Die Beteiligung durch einen Grossteil der Bevölkerung erhöht die Wahrscheinlichkeit, dass die beschlossenen Regeln auch von einer Mehrheit ohne Staatsgewalt akzeptiert werden und sie damit also »Lebendes Recht« (Ehrlich 1913, S. 409) im Sinn des Begründers der Rechtssoziologie werden. Ausserdem belegen zahlreiche Analysen, dass die direkte Demokratie sich positiv auf die Wirtschaft, die Staatsfinanzen und sogar die Zufriedenheit der Bevölkerung auswirkt – und das scheint unbestritten zu sein: »So viel Einigkeit unter Wissenschaftern ist selten« (Eichenberger, S. 30–33). Besonders eindrücklich ist das Beispiel Indien, das während der Kolonialherrschaft fast dauern unter Hungersnöten litt. Seit der Einführung der Demokratie gehörten sie fast von heute auf morgen der Vergangenheit an (Sen 2010, S. 369) – und das in einem riesigen Land mit einem grossen Bevölkerungswachstum.

Viel häufiger aber geht es in Demokratien nur darum, Personen in ein Parlament oder als Mitglieder einer Regierung zu wählen, die dann über Sachthemen mit Mehrheitsentscheiden abstimmen. Diese repräsentative Demokratieform dient dazu, die mitdiskutierenden und mitentscheidenden Personen auf eine Zahl zu reduzieren, mit der eine Beratung und Entscheidung öffentlicher Angelegenheiten noch praktikabel und einigermassen effizient ist. Diese Form hat schon Athen mit der Wahl eines Rates geschaffen. Er war mit 500 Köpfen recht gross, aber kleiner als heutige Parlamente (Vereinigtes Königreich Grossbritannien/Nordirland 1471 (2015): House of Commens 650, House of Lords 821; italienisches Parlament: 945; deutscher Bundestag: 633; amerikanischer Kongress: 535). Diese repräsentative Demokratie hat sich in den letzten 50 Jahren massiv verbreitet: 1974 gab es nur rund 35 Demokratien, die auf Wahlen beruhten oder weniger als 30 Prozent aller Länder. Bis ins Jahr 2013 wuchs diese Zahl auf rund 120 oder mehr als 60 Prozent aller Länder (Fukuyama 2015).

Teil II: Analyse

Der Begriff Parlament stammt vom lateinischen Wort »parlare« für sprechen, reden, diskutieren. Ein Volk mit Millionen von Menschen kann im Rahmen einer Volksversammlung kaum über die Regeln des Zusammenlebens diskutieren und entscheiden, weshalb die Parlamentsform vermutlich aus ganz praktischen Gründen und ganz pragmatisch entwickelt wurde. Bei den heutigen technischen Medien- und Kommunikationsmöglichkeiten ist allerdings die Beteiligung von weit mehr Akteuren oder gar allen politisch Berechtigten durchaus denkbar. Die per SMS organisierten Volksbewegungen im arabischen Frühling 2011 oder in Demokratiebewegung in Hongkong 2014 haben vordemonstriert, dass eine vorhandene Unzufriedenheit sich mittels digitaler sozialer Netzwerke Luft verschaffen kann. Die deutsche Piratenpartei verwendet zur internen Meinungsbildung die dazu geeignete Software Liquidfeedback, die der internen Meinungsbildung dient, und vor allem auch die Möglichkeit schafft, dass Mitglieder Themen auf die politische Agenda bringen, also Themen vorschlagen, für die sie eine politische Lösung fordern oder vorschlagen.

Diese Beispiele dokumentieren, dass nebst Abstimmungen und Wahlen das Recht auf Petition ein zentrales Element politischer Mitwirkung darstellt: die Möglichkeit, einem Parlament oder andern Organ Anliegen oder Vorschläge mit oder ohne rechtlicher Verbindlichkeit zu unterbreiten. Auch wenn das Petitionsrecht faktisch keine sehr grosse Rolle spielt, ist es für die Entwicklung demokratischer Formen von nicht zu unterschätzender Bedeutung. Es hat sich nach der Glorreichen Revolution in England von 1688/89 stark auf die Entwicklung des Pluralismus ausgewirkt: »Jeder konnte eine Petition an das Parlament richten, und viele machten davon Gebrauch, zumal das Parlament ihnen zuhörte« (Acemoglu und Robinson 2013, P. 3378).

Dieses Recht geht über die Meinungsfreiheit hinaus. Es schafft überhaupt die Möglichkeit, ein Anliegen oder Problem zu einem politischen Thema zu machen; heute Agenda Setting genannt. Dieser Aspekt darf keinesfalls unterschätzt werden – im Gegenteil: Wer stellt die Frage, über die abgestimmt wird und welche Frage ist es, die »entscheidend« ist für das Zusammenleben und die Existenz einer Gemeinschaft? Ernst-Wolfgang Böckenförde sieht darin gar das entscheidende Problem bei Volksentscheidungen: »Wer hat aus welchem Anlass, zu welcher Zeit und mit welcher Formulierung das Recht zur Fragestellung an das Volk.« (Böckenförde 1983, S. 9) Beispielhaft illustriert dies die Auseinandersetzung um den neuen Bahnhof Stuttgart. Erst durch Demonstrationen auf der Strasse erreichten die Kritiker, dass die Stimmberechtigten des Bundeslandes Baden-Württemberg zum beschlossenen Neubau Stellung nehmen konnten. Die Rechtmässigkeit dieser Volksabstimmung ist bis heute umstritten. Sie zeigt aber: Wo es kein formelles Petitionsrecht oder

Teil II: Analyse

eine Referendumsmöglichkeit gibt, muss sich eine Bewegung im Rahmen der Meinungsäusserungsfreiheit via Demonstrationen zu Wort melden.

Abstimmungen und Wahlen werden in demokratischen Staaten in der Regel durch Mehrheitsbeschluss, qualifiziertes Mehr oder die Wahl eines Parlamentes aufgrund komplizierter Wahlarithmetik entschieden. Das ist nicht selbstverständlich. Im Wortsinn würde Volksherrschaft bedeuten, dass jene, die das Volk bilden, eine einzige Meinung haben und alle gleicher Meinung darüber sind, wie die Herrschaft ausgeübt werden soll. Wortwörtlich verstandene Demokratie verlangt im Prinzip nach Einstimmigkeit: Ein Volk, ein Wille, ein Entscheid. Deshalb kommt Rousseau zum Schluss, dass Demokratie gar nicht existieren könne (Rousseau 1946, S. 81). Die Einstimmigkeit als demokratisches Prinzip findet sich heute noch in der Europäischen Union oder war auch das Prinzip der Eidgenössischen Tagsatzung, dem obersten gemeinsamen Organ der Eidgenossenschaft als Staatenbund (bis 1848).

Bei der gemeinsamen Verwaltung eroberter Gebiete, der Gemeinen Herrschaften, entwickelte die alte Eidgenossenschaft nach 1415 das Mehrheitsprinzip bei Entscheidungen (Maissen 2015, S. 55). Das war ein Entwicklungsschritt in der demokratischen Entscheidungsfindung, der die Effizienz der staatlichen Tätigkeit verbesserte. Die Mehrheitsentscheidung als Prinzip ist nicht selbstverständlich. Es lohnt sich, das Problem der Entscheidungsfindung in einer Volksherrschaft etwas genauer zu betrachten. Das Dilemma besteht darin, dass es schon bei einem mehrtausendköpfigen Volk fast unvorstellbar ist, dass sich im Rahmen einer Vollversammlung eine einzige Meinung bilden kann, die von allen ohne jede Ausnahme geteilt wird. Die Entwicklung der Demokratie ist eine kulturelle Leistung und sie hat dazu geführt, dass sich die Idee einer Mehrheitsentscheidung oder die Delegation der Volksherrschaft an ein gewähltes Parlament durchgesetzt hat, bei der gleichzeitig die »unterdrückte« Minderheit aber nicht vollständig unterjocht oder zumindest respektvoll behandelt wird. Eigentlich muss gefordert werden, dass der heute verbreitete Mehrheitsentscheid nur durch einstimmigen Beschluss eingeführt werden kann, damit er demokratisch legitimiert ist.

Eine tragfähige Demokratie ist ein Hochseilakt zwischen den Extrempositionen Mehrheitsdiktatur und dem unerreichbaren Ideal der Einstimmigkeit, die selbst totalitäre Züge tragen würde – man denke etwa an die fast 100-prozentigen Resultate bei Wahlen in den damaligen Staaten des real existierenden Sozialismus. Den Kern der demokratischen Idee beschreibt Jeanne Hersch deshalb als »Achtung vor dem grössten menschlichen Geheimnis: der Freiheit

Teil II: Analyse

des Einzelnen« (Hersch et al. 2010, S. 127). Sie legt Wert auf die verfassungsmässige Beschränkung der Macht der Mehrheitsherrschaft (Christophersen 2009, S. 229). Ausserdem muss die Volkssouveränität auf Fragen und Bereiche beschränkt werden, die für das Zusammenleben der Gemeinschaft überhaupt relevant sind oder sie erst begründen: »Es ist die Anerkennung solcher gemeinsamer Prinzipien, die aus einer Gruppe von Menschen eine Gemeinschaft macht« (Hayek, Friedrich A. von 1983, S. 129). Was nun aber als relevantes Thema für die demokratische Regelung in Frage kommt, ist zeit- und geschichtsabhängig. Gerade deshalb spielt das Petitionsrecht eine wichtige Rolle in einer Demokratie. Damit kann ein Anliegen überhaupt auf die Tagesordnung kommen. Oder ebenso wichtig: Dafür plädieren, dass der Staat in bestimmte Aspekte des Lebens gar nicht einmischen soll.

Demokratie muss nach Hayek mit dem liberalen Anliegen verknüpft werden, dass jede staatliche Gewaltausübung gesetzlich legitimiert sein muss, dafür ein öffentliches Interesse vorhanden sein muss und dass nicht jeder Lebensbereich des Einzelnen vom Staat oder der Gemeinschaft geregelt werden darf (Horn 2013a, S. 109) – Stichworte: Schutz der Privatsphäre, des Eigentums und der Menschenrechte. Das zeigt, dass Demokratie im Sinn der Volksherrschaft kein alleingültiges Rezept für eine lebenswerte und lebensfähige Gesellschaftsordnung darstellt. Es müssen sie weitere Elemente und Ideen ergän-

Historische Entwicklung in Grundzügen

zen, damit sie nicht zur Mehrheitsdiktatur entartet, bei Anliegen oder Ansichten Bevölkerungsteilen immer wieder übergangen oder nicht respektiert werden.

2

Direkt oder repräsentativ: Wer entscheidet demokratischer?

> Es ist gegen die natürliche Ordnung,
> dass die grössere Zahl regiere
> und die kleinere regiert werde.
> **(Jean-Jacques Rousseau)**

Die beiden heute zentralen Formen demokratischer Ordnungen sind also dadurch zu unterscheiden, wer die politischen Entscheide fällt: das Volk oder die von ihm gewählten Vertreter, alle oder einige wenige, direkte oder repräsentative Demokratie. Dass es immer auch Mischformen gibt, sei hier erwähnt, aber nicht weiter im Detail dargestellt. Gibt es Hinweise darauf, welche der beiden Formen »demokratischer« ist? Was heisst überhaupt »demokratischer«?

Teil II: Analyse

Welches System kann die Selbstregierung einer Gemeinschaft besser gestalten? Im Sinn von: Dem Willen der Gemeinschaft besser entsprechen oder ihr besser dienen, verstanden ganz allgemein als Wohlergehen? Das zumindest wird dem demokratischen Verfahren unterstellt, dass sich die Beteiligten dabei am öffentlichen Interesse orientieren, auch wenn dieses Konzept weder belegt noch definiert ist (Buchanan und Tullock 1987, S. 131).

2.1 Absolutheit und Grenzen

Für Rousseau als einen der Väter der Demokratie ist unzweifelhaft, dass vom Volk nicht genehmigte Gesetze schlicht als nichtig, also nicht existent, zu gelten haben (Rousseau 1946, S. 116). Demokratische Legitimation kann für ihn niemals an ein Parlament delegiert werden, das als Geschäftsführer des Volkes nichts endgültig beschliessen kann. Das Parlament ist für ihn nur eine Art vorberatender Kommission, das aus praktischen Gründen nötig ist, um die Zahl der am Aushandeln und Ausformulieren beteiligten Personen zu reduzieren. Dann aber braucht es die Zustimmung des Volkes zur demokratischen Legitimation eines Erlasses.

Rousseau geht in seiner Radikalität noch weiter und setzt voraus, dass die Staatsbürger bei politischen Entscheiden fähig sind, die eigenen Interessen hintanzustellen und das zu beschliessen, was im Interesse der Gemeinschaft, dem öffentlichen Interesse entspricht (Christophersen 2009, S. 90). Nur unter dieser Voraussetzung könne ein vernünftiger Gemeinwille entstehen, den er sich vermutlich in romantischer Verklärung als eine einzige Stimme einer fiktiven Person vorstellte; eine einzige Überzeugung, die für alle Beteiligten »stimmte« und die alle widerspruchslos akzeptierten. Ulrich Weiss betrachtet dies als totalitären Anspruch, den Rousseau selbst als eine Art ziviler Religion bezeichnete und als dogmatischen Glaubenssatz verstand (Voigt 2010, S. 360). Albert Camus bezeichnet den ‚Contrat social' auch als »Geburt einer Mystik«, die den Gesamtwille einer einzigen Person zuschreibt, einer politischen Person mit göttlichen Fähigkeiten: »Sie ist unfehlbar, weil sie als Souverän keinen Missbrauch wollen kann« (Camus 1958, S. 125).

Gerade dieser totalitäre Anspruch wurde von andern Denkern wie Tocqueville und Madison als grosse Gefahr betrachtet, weshalb die Macht der Mehrheit mit allen Mitteln beschränkt werden müsse (Kielmansegg 2013, S. 77). Nach Camus darf es keine unbegrenzte Macht geben, und das begründet er paradoxerweise mit seinem Verständnis der Revolte: Sie wendet sich nämlich gegen die Macht und insbesondere gegen eine grenzenlose: »Sie (die Revolte) ist keineswegs eine Forderung nach vollständiger Freiheit. Im Gegenteil, die Revolte macht der vollständigen Freiheit den Prozess. Sie bestreitet gerade die unbegrenzte Macht« (Camus 1958, S. 305–306). Weil menschliche Freiheit per se relativ ist, begrenzt durch die Freiheit des Andern, dürfe sie und damit auch die Revolte des Einzelnen nichts zerstören und niemanden schädigen.

2.2 Mehrheit hat immer Recht?

Ein Faktor für das Gelingen oder Scheitern von Nationen ist nach Acemoglu und Robinson (2013, P 65), ob möglichst viele die Möglichkeit erhalten, sich am gesellschaftlichen und wirtschaftlichen Leben zu beteiligen. Die Schweiz ist bei den direktdemokratischen Möglichkeiten weltweit führend und u.a. deshalb weltweit bei verschiedenen Rankings in Spitzenpositionen zu finden: »In keinem Staat der Erde gibt es heute so zahlreiche direktdemokratische Institutionen auf allen Staatsebenen wie in der Schweiz, und nirgendwo sonst wird so oft abgestimmt« (Moeckli 2013, S. 35).

Nebst der Beteiligung der Bürger führt diese Form auch zu volkswirtschaftlichem Wachstum: »Direkte Demokratie ist der repräsentativen Demokratie sowohl politisch wie auch ökonomisch überlegen« (Hank 2012, S. P 4704). Gesichert ist, dass sich die Möglichkeiten der direkten Demokratie positiv auf die Lebenszufriedenheit auswirkt: Dieser Effekt ist statistisch signifikant und beträchtlich (Moeckli 2013, S. 153). und er lässt sich sogar zwischen

Direkt oder repräsentativ: Wer entscheidet demokratischer?

Kantonen nachweisen: Je stärker demokratisch ein Kanton verfasst ist, desto höher ist sein Pro-Kopf-Einkommen (Frey 2014).

Sicher ist auch, dass die Erfahrungen der Schweiz die direktdemokratischen Verfahren in den USA beeinflusst haben (Moeckli 2013, S. 37), von wo in umgekehrter Richtung das parlamentarische Zweikammersystem von der Eidgenossenschaft übernommen wurde. Die direkte Demokratie hat zweifellos das höhere »Legitimierungspotential« (Kielmansegg 2013, S. 138) und ist der repräsentativen Form in bestimmten Fällen überlegen: Je breiter die Basis und die Beteiligung, desto zuverlässiger die demokratische Ordnung, weil diese gelebt und von der Bevölkerung getragen wird. Diese Erkenntnis scheint sich zu verbreiten, da weltweit die repräsentativen Systeme durch direktdemokratische Elemente ergänzt werden (Kielmansegg 2013, S. 261). Mit dieser Stärkung partizipativer Elemente lässt sich die Tendenz korrigieren, dass repräsentative Systeme sich »zunehmend gegen elementare Interessen und Bedürfnisse des „Volkes" (demos)« richten (Christophersen 2009, S. 162).

Es gibt aber keinen Freipass für das Volk als Souverän, sich aus der Verantwortung zu stehlen und die von ihm gewählte »classe politique« für das Scheitern einer Nation verantwortlich zu machen. Hermann Hesse hat das in Bezug auf das nationalsozialistische Deutschland so formuliert: »Schuld an unserem Elend, schuld an der Nichtigkeit und rohen Verödung unseres Lebens, schuld am Krieg, schuld am Hunger, schuld an allem Bösen und Traurigen ist keine Idee und kein Prinzip, schuld daran sind wir, wir selber. Und auch nur durch uns, durch unsere Erkenntnis, durch unseren Willen kann es anders werden« (Hesse und Michels 1977, S. 46).

2.3 Parlamentarische Willkür

Die historische Erfahrung beweist zur Genüge, dass es keine Garantie dafür gibt, dass der in Wahlen manifestierte Wille der Bevölkerung durch ein Parlament im Rahmen der repräsentativen Demokratie auch umgesetzt wird. Die Bundestagswahl in Deutschland 2013 ist das jüngste Beispiel dafür: Vor der Wahl wurde ein Zusammengehen von CDU und SPD als ausgeschlossen erklärt, was die Wählenden zweifellos beeinflusste. Die Wahl liess die bisherige Koalitionspartnerin FDP von der nationalen Bildfläche verschwinden und stärkte die CDU, also das rechte politische Spektrum. Mit dem neuen Koalitionsvertrag wurde aber der Weg zu einer linkeren Politik als zuvor in der Koalition mit der FDP eingeschlagen.

Genau das will Rousseau mit seinem Beharren auf der einzigen reinen demokratischen Legitimation durch das Volk vermeiden.

Direkt oder repräsentativ: Wer entscheidet demokratischer?

Für die Gefahren der parlamentarischen oder repräsentativen Demokratie hat er ein plastisches Bild gemalt: »Das englische Volk glaubt frei zu sein; es täuscht sich aber sehr; es ist nur frei, solange die Wahlen der Parlamentsmitglieder dauern; sobald sie gewählt sind, ist es ein Sklave, ein Nichts« (Rousseau 1946, S. 116). Bundesrat Ulrich Ochsenbein, einer der Väter der ersten Schweizer Verfassung, vertritt eine ähnliche Meinung. Zumindest das Recht auf Erlass der Verfassung als Grundlage aller staatlichen Ordnung, könne vom Volk gar nicht an ein Parlament abgetreten werden, da »keine lebende Generation befugt ist, kommende Generationen ihren Gesetzen zu unterwerfen und sie damit vom Recht der Selbstkonstituierung auszuschliessen« (Holenstein 2009, S. 200).

Dass die Zahl der beteiligten Menschen eine Rolle spielt, zeigen die historischen Erfahrungen mit dem Zusammenbruch demokratischer Ordnungen vor dem zweiten Weltkrieg: »In Italien und Deutschland war die entscheidende Erfahrung des 19. Jahrhunderts, auf die die emotionale und sentimentale Bindung der Massen zurückgeht, nicht der Sieg der bürgerlichen Ordnung, sondern die nationale Einigung. Die revolutionären Bewegungen waren primär national und erst dann demokratisch« (Drucker 2010, S. 119). Das Dilemma zwischen parlamentarischen Vertretern, bürokratischer Staatsverwaltung und dem politischen Souverän, dem stimmberechtigten

Teil II: Analyse

Teil des Volkes um Macht, demokratische Legitimation und staatsrechtliche Ausgestaltung dauert bis in die Gegenwart fort.

Die historischen Erfahrungen mit dem Nationalsozialismus können als Versagen der Demokratie verstanden werden, doch hat die Geschichte entgegen der Feststellung, die Menschheit lerne aus ihr nichts, die Menschheit zumindest sensibilisiert und herausragende Köpfe auf Ideen gebracht, wie das System verbessert werden könnte. Die parlamentarische Souveränität oder Absolutheit ist heute in vielen Staaten durch ein Verfassungsgericht beschränkt (Müller 2011, S. 69). Auch das ist natürlich keine Garantie gegen Machtmissbrauch. Die Auseinandersetzung um die Zulässigkeit des Eurorettungsschirms vor dem deutschen Bundesverfassungsgericht zeigt auch auf, welchen Pressionen die Justiz dabei ausgesetzt ist.

Je entfernter und je weniger demokratischer Kontrolle unterworfen eine Institution wirken kann, desto gefährlicher für die Freiheit des Einzelnen: »Nicht die Macht, die demokratische Versammlungen tatsächlich ausüben können, sondern die Macht, die sie Administrativbehörden zur Erreichung bestimmter Ziele übertragen hat, bildet heute die Gefahr für die persönliche Freiheit« (Hayek, Friedrich A. von 1983, S. 141). Im Zeichen des Wohlfahrts- und Fürsorgestaates ist einmal mehr der Totalitarismus im

Anmarsch, der allen Bürgern ein sorgloses Leben verspricht, dabei zur »totalen Entmündigung« (Rietzschel 2014, S. 44) fähig ist. In die gleiche Richtung entwickelt sich die Europäische Union, regiert von Kommissaren, die von je einem Mitgliedsland »delegiert« werden, ohne »de legere« einen klaren gesetzlichen Auftrag zu haben: »Eine Demokratie, die man den Verwaltern überlässt, entartet zum Reglement« (Rietzschel 2014). Dagegen hilft einzig eine föderale Ordnung, die Kompetenzen und Macht auf verschiedene Staatsebenen und Teilstaaten verteilt und selbst die Mehrheitsmacht des Souveräns – Parlament oder Population – in Schranken halten kann (Hayek, Friedrich A. von 1983, S. 234).

2.4 Kein Verfahren ersetzt Gewissen

Die Argumente für die direkte Demokratie und die Angst vor der Macht von Mehrheitsentscheidungen halten sich die Waage. Sie müssen im Gleichgewicht gehalten werden, wofür die Waage der Justitia sinnbildlich steht. Demokratie als Verfahren führt nur zu klugen Entscheidungen, wenn die Beteiligten sich gewissenhaft bemühen: Ihre persönliche Haltung, ihre ethische Überzeugung, ihr menschlich motiviertes Handeln und Entscheiden sind Voraussetzungen für eine freiheitliche und menschliche Gesellschaftsordnung, die mittels demokratischer Entscheidungsverfahren geschaffen wird und gleiche Rechte für alle garantiert: »Es gibt keine institutionelle Garantie für das Gelingen von Demokratie. Politik in der Demokratie muss deshalb immer auch, unermüdlich und unerbittlich, als Prozess der Aufklärung aller Beteiligten durch alle Beteiligten über die Verantwortung, die sie in einem freiheitlichen Gemeinwesen tragen, begriffen und betrieben werden« (Kielmansegg 2013, S. 98).

Im Kern ist Demokratie nur ein geregelter Prozess, um in einer Gesellschaft zu Entscheidungen zu gelangen. Das Resultat der Entscheidung, ihre Qualität, die Realisierbarkeit, die Folgen für die Gemeinschaft und vor allem für die unterlegene Minderheit haben mit dem Verfahren nichts zu tun. Der materielle Entscheid basiert auf der ethischen und moralischen Haltung der am Entscheid beteiligten Menschen, ihrer Überzeugungen und ihres Gewissens. Ein politisches Ideal setzt nach Hayek eben voraus, dass die Gesellschaft eine moralische Tradition und ein gemeinsames Ideal hat, die von einer Mehrheit geteilt und unangefochten angenommen werden (Hayek, Friedrich A. von 1983, S. 266) und damit dafür sorgen, dass der demokratische Prozess auch zu Lösungen führt, die gesamtgesellschaftlich positiv wirksam sind.

Dieser gesellschaftliche Zustand wird durch die Erfahrungen mit demokratischen Entscheiden, Erfolgen und Niederlagen, gebildet und weiter entwickelt. Voraussetzung dafür ist die Auseinander-

Direkt oder repräsentativ: Wer entscheidet demokratischer?

setzung mit verschiedenen Meinungen, der Wettbewerb der Ideen (Surowiecki 2004, S. 358) im Rahmen der Meinungsfreiheit, ohne dass andere Ansichten mit Mord und Totschlag »beantwortet« werden. Ideologen und Fanatiker sind nicht zur argumentativen Auseinandersetzung fähig. Sie setzen Bomben, Kalaschnikows und andern Formen von Terror ein: Beispiele dafür sind etwa der stalinistische Terror, südamerikanische Diktaturen, Al Kaida und der Feldzug des sogenannten islamischen Staates in fast allen Erdteilen. Sie sind offenbar nicht fähig oder nicht willens, argumentativ ihre Weltsicht zu vertreten, und sind darum antidemokratisch: »Die Demokratie ist vor allem ein Prozess der Meinungsbildung« (Hayek, Friedrich A. von 1983, S. 133), was aber verlangt, dass man eine Meinung in zivilisierten Formen und auf der Basis von geteilten Grundüberzeugungen auszudrücken in der Lage ist.

Der Wettbewerb der Ideen zwingt Politiker und Politik dazu, vertretbare Entscheidungen zu treffen, weil sie andernfalls abgestraft wird (Surowiecki 2004, S. 358). Es herrscht aber auch in zivilisiert-demokratischen Gesellschaften Misstrauen bezüglich der ausreichend »demokratischen Gesinnung«: Wer ist fähig, im Sinn der Orientierung auf das gemeinsame Wohl zu entscheiden: Volk oder Volksvertretung; Population oder Parlament, Souverän oder Repräsentanten? Im Fall von Österreich und Deutschland stellt sich die

Teil II: Analyse

Frage, ob sie sich bei einer Volksbefragung überhaupt »ihre freiheitliche Verfassung auch aus freien Stücken gegeben hätten, ohne den erzieherischen Einfluss der westlichen Demokratien, die man eigentlich hatte besiegen wollen?« (Rietzschel 2014, S. 25)

Mises liefert dazu eine aufschlussreiche Begründung. Im 19. Jahrhundert siedelten viele Deutsche als Minderheiten in anderen Sprachgebieten (Wolgadeutsche, Siebenbürgen, Rumäniendeutsche etc.). Demokratie als Volkherrschaft hätte für sie bedeutet, die tonangebende Rolle zu verlieren und Gefahr zu laufen, fremdbestimmte Minderheit zu werden, „so dass für antidemokratische Strömungen in weiten Kreisen des deutschen Volkes eine Prädisposition geschaffen war« (Mises und Leube 2014, S. 86). Selbst in der Debatte über das deutsche Grundgesetz fand gar keine Diskussion darüber statt, was denn überhaupt den Gehalt der Demokratie ausmache und welches System von demokratischer Entscheidungsfindung aus welchen Gründen gewählt werden sollte (Rietzschel 2014, S. 28). Auch parlamentarische Diskussionen und Entscheide müssen also nicht zwingend eine einleuchtendere und überzeugendere Grundlage darstellen, mit der sich ihre demokratische Legitimation über jene des Souveräns erheben würde.

Der Begriff Demokratie wird bei dieser Fragestellung nach »demokratischer/undemokratischer« eigentlich überinterpretiert: über

Direkt oder repräsentativ: Wer entscheidet demokratischer?

das reine Entscheidungsverfahren hinaus als Garantie oder Glaube dafür, dass Demokratie das bessere, das menschlichere, das vorbildlichere Ergebnis erbringe. Sie ist eben nur eine Methode, kein Selbstzweck und keine perfekte Lösung. Sie schafft formale Voraussetzungen, aber ist keine materielle Garantie für »das Gute«. Sie darf keine unbeschränkte Gewalt bedeuten. Im Gegenteil ist das »Spektrum der Fragen, über die kollektiv zu befinden ist, klar einzuhegen« (Horn 2013a, S. 109). Ohne solche Schranken läuft nämlich ausgerechnet der säkulare Staat Gefahr, den umfassenden Anspruch der Kirche zu übernehmen, das Leben der Menschen in allen Teilen zu bestimmen, wie das Camus befürchtet und eindringlich formuliert hat: »Die Individualität hat die Stelle des Glaubens eingenommen, die Vernunft die der Bibel, die Politik die der Religion und der Kirche, die Erde die des Himmels, die Arbeit die des Gebets, das Elend die der Hölle, der Mensch diejenige Christi« (Camus 1958, S. 158).

2.5 Regelung im Völkerrecht

Volk und parlamentarische Vertreter, direkte und repräsentative Demokratie – beide Formen führen zu demokratischen Entscheidungen. Keines der beiden Verfahren kann aber sicherstellen, dass die Entscheide auch zu einer ethischen Ordnung führen. Die entscheidende Rolle (Acemoglu und Robinson 2013, P. 7908) dafür spielt die Meinungsfreiheit, ist der Widerstreit der Meinungen, auf dass sich die Überzeugendste durchsetze, auch wenn das keine Garantie dafür ist, dass es sich um jene handelt, die im historischen Rückblick sich als überlebensfähig oder vorbildlich erweist.

In diesem Sinn ist Demokratie ein empirisches und damit wissenschaftliches Verfahren, das auf Probieren, Irrtum, Erfolg, Erkenntnis und Weiterentwicklung basiert: »Ein Volk, das sein politisches Leben demokratisch organisiert und einrichtet, muss die Kraft und Bereitschaft haben, sie auszuhalten« (Böckenförde 1983, S. 33). Da es im säkularen Staat keine göttliche, absolute Wahrheit gibt, muss die Menschheit im Zeichen der Demokratie über Versuch und Irrtum herausfinden und ausprobieren, welche menschliche Ordnung am besten funktioniert und das optimale Resultat ergibt. Was gut und was schlecht ist, muss entwickelt werden. Weil es keine vorgegebenen Vorstellung vom guten Leben, von der idealen Staatsorganisation gibt, muss im Rahmen des demokratischen Beratungsverfahrens aller Beteiligten die gerechte Ordnung selber konstruiert werden: »Diese begriffliche Entkoppelung des Gerechten vom Guten machte Legitimitätsvorstellungen vom Aufbau der Welt oder von der Geschichte im Ganzen unabhängig und ermöglichte damit den Gedanken einer säkularisierten Staatsgewalt« (Habermas 2012).

Direkt oder repräsentativ: Wer entscheidet demokratischer?

Diese weltliche Ordnung namens Demokratie hat weltweit ihren Ausdruck in völkerrechtlichen Bestimmungen gefunden. Sie erheben den Anspruch, zu verschiedensten Aspekten einen allgemeinverbindlichen Mindeststandard zu definieren. In der rechtlich unverbindlichen Allgemeine Erklärung der Menschenrechte, der Resolution 217 A (III) der Vereinten Nationen vom 10. Dezember 1948, werden die politischen Rechte so definiert (Art. 21):

1. Jeder hat das Recht, an der Gestaltung der öffentlichen Angelegenheiten seines Landes unmittelbar oder durch frei gewählte Vertreter mitzuwirken.

2. Jeder hat das Recht auf gleichen Zugang zu öffentlichen Ämtern in seinem Lande.

3. Der Wille des Volkes bildet die Grundlage für die Autorität der öffentlichen Gewalt; dieser Wille muss durch regelmäßige, unverfälschte, allgemeine und gleiche Wahlen mit geheimer Stimmabgabe oder einem gleichwertigen freien Wahlverfahren zum Ausdruck kommen.

Im ersten Punkt wird die Mitwirkung von »Jedermann« an den öffentlichen Angelegenheiten für direkte oder indirekte oder parlamentarische Demokratie definiert. Offen bleibt, wer »jeder« ist und was öffentliche Angelegenheiten sind, was gemäss anderer völkerrechtlicher Bestimmungen durch ein entsprechendes Gesetz zu definieren ist, das demokratisch legitimiert sein muss. Punkt 2 hält die passive Wählbarkeit für jedermann fest. Punkt 3 ist eigentlich das Fundament der Demokratie, der Selbstherrschaft des Volkes: Der Wille des Volkes ist die Grundlage jeder Autorität und Staatsgewalt. Im zweiten Hauptsatz wird festgelegt, wie dieser Wille zu eruieren ist: durch regelmässige Wahlen. Erst vor rund 50 Jahren sind diese Prinzipien im Internationalen Pakt über bürgerliche und politische Rechte, einem völkerrechtlichen Vertrag der Uno für die Unterzeichnerstaaten rechtlich verbindlich festgelegt worden – die Schweiz hat ihn 1991 genehmigt. Seit den Griechen sind wir in Bezug auf die Ausgestaltung demokratischer Verfahren nach über 2000 Jahren demokratischer Tradition international also noch nicht sehr viel weiter gekommen.

3

Wer ist das Volk und was hat es zu sagen?

> Auch wenn die allermeisten Angehörigen einer Gruppe weder sonderlich informiert noch zu rationalem Denken imstande sind, vermögen sie als Kollektiv gleichwohl vernünftige Entscheide zu treffen.
> **(James Surowiecki)**

Demokratie heisst Volksherrschaft. Aber wer ist das Volk? Wer gehört dazu; wie werden Personen räumlich, persönlich oder funktional ein- oder ausgeschlossen? Das kann vom Wohnort, der Nationalität, dem Geschlecht, dem Alter, dem sozialen Status, Grundeigentum

Teil II: Analyse

oder der Funktion im Gemeinwesen abhängen. Nicht alle Menschen, die innerhalb eines als Staatsgebiet definierten Raumes leben, sind Teil des Volkes, das demokratisch seine Geschicke selber bestimmt. Es gibt keine Demokratie auf dieser Welt, in der alle Menschen innerhalb des Staatsgebietes zum Volk gehören (Merkel 2013, S. 103). Das politische Mitbestimmungsrecht hängt also von verschiedenen Faktoren ab, auf die in diesem Kapitel im Einzelnen eingegangen wird.

Das Staatsgebiet wiederum ist ein Kriterium, dessen Begrenzung durchaus willkürlich und umstritten sein kann. Die zahlreichen Konflikte um Grenzziehungen, Autonomiebegehren und ethnische Zugehörigkeit belegen, dass die Grenzen einer demokratischen Ordnung umstritten sein können. Viele Kriege und gewalttätige Konflikte sind Ausdruck dieser Problematik: Der Bürgerkrieg nach dem Zusammenbruch der sozialistischen Republik Jugoslawien, der Konflikt zwischen Israel und Palästinensern, die Kämpfe um die Krim zwischen der Ukraine und Russland. Viele Grenzen sind das Resultat religiöser, ethnischer, weltanschaulicher Konflikte oder kolonial verordnet worden: Indien/Pakistan, Türkei/Griechenland, Appenzell der inneren und äusseren Rhoden, Trennung von Nord- und Südkorea, Irland/Nordirland. Die Grenzziehung ist demokratisch bedeutsam, weil sie das Gebiet der Selbstregierung definiert; den geografischen Raum einer

Wer ist das Volk und was hat es zu sagen?

Demokratie definiert: Demokratie ist räumlich und persönlich umkämpft.

Grenzen definieren in der Regel, wer überhaupt – nebst anderen Kriterien – zum Volk gehören kann. Umgekehrt gibt es die Möglichkeit, dass auch Personen an der Teilnahme bei der demokratischen Willensbildung berechtigt sind, die ausserhalb des geografischen Staatsgebietes leben. Beispielsweise können in der Schweiz wohnhafte Italiener sich an den Parlamentswahlen in Italien beteiligen oder ins Parlament gewählt werden. Ausländer in der Schweiz sind vereinzelt in Gemeinden zur Teilnahme an politischen Entscheidungen berechtigt. Auslandschweizer können an Wahlen in der Schweiz teilnehmen. Die Zusammensetzung des »Volkes« basiert also auf einem komplexen System in Abhängigkeit von persönlichen Kriterien und solchen der Zuordnung von Personen zu einem Gemeinwesen und/oder einem Staatsgebiet. Eine Rolle in räumlicher Dimension spielt auch die Festlegung von Wahlkreisen, die in vielen Fällen parteipolitischen Einflüssen unterliegt, und den Einfluss des Volkes steuern und in Extremfällen wie in Italien oder England manipulieren kann.

Demokratie ist bis hierher nur unter dem Aspekt des Rechtes auf Mitwirkung betrachtet worden, als einer positiven Möglichkeit der Mitgestaltung des Gemeinwesens. Eine Verpflichtung, dieses Recht

Teil II: Analyse

auch wahrzunehmen, ist praktisch nicht und eine Durchsetzung nur beschränkt vorhanden. Es gibt am andern Ende der Möglichkeiten aber auch kein Recht auf Exit: Es gibt kein Recht darauf, einer Demokratie und dem entsprechenden Volk nicht anzugehören. Man kann als Staatsbürger nicht in jedem Fall aussteigen und sich aus einer Demokratie verabschieden, weshalb Demokratien auch als »Zwangsmitgliedschaftsorganisationen« (Hoppe 2003, S. 177) verstanden werden können. In der Regel ist eher das Gegenteil der Fall: Bürger werden von ihren Staaten vor die Tür gestellt und verlieren den Status der Staatsbürgerschaft. Wer zum Volk gehört, ist Definitions- und Machtfrage. Sie schliesst in der Regel die Möglichkeit des freiwilligen Austrittes aus und meist legt eine »Mehrheit« fest, wer dazugehört: Mehrheit in Anführungszeichen, weil i.d.R. willkürlich festgelegt wird, wer an diesem Entscheid beteiligt ist.

Andererseits scheint unbestritten, dass die Mitwirkung möglichst vieler am Prozess der Demokratie aus verschiedenen Gründen erwünscht, sinnvoll und zukunftsträchtig ist. Dabei spielt es nicht einmal eine Rolle, ob die Beteiligten besonders gut informiert sind oder rational entscheiden, ob sie dabei das Gemeinwohl vor persönliche Interessen stellen oder nicht: das Kollektiv sorgt für vernünftige Entscheidungen (Surowiecki 2004, S. 10). Voraussetzungen dafür sind Meinungsvielfalt, Unabhängigkeit, Dezentralisierung

Wer ist das Volk und was hat es zu sagen?

und Aggregation, verstanden als Mechanismus, der die individuellen Entscheidungen zu einem kollektiven Willen zusammenführt: »Wenn eine Gruppe diese Bedingungen erfüllt, wird ihr Urteil mit hoher Wahrscheinlichkeit korrekt sein« (Surowiecki 2004, S. 32). Es bleibe hier dahingestellt, was unter »korrekt« zu verstehen ist, und wie diese Einschätzung definiert wird.

Solch quantitativen Überlegungen fehlten Mitte des 19. Jahrhunderts noch. Die idealistischen Vorstellungen der Demokratie verlangten nach einem gebildeten, informierten Bürger, der wohlüberlegt im Sinne der Gemeinschaft nach Abwägung von Vor- und Nachteilen seine Wahl trifft. Aus diesem Grund sollte die Mitwirkung davon abhängig gemacht werden, ob jemand überhaupt in der Lage war, sich aufgrund von Publikationen, Meinungsäusserungen und Stellungnahmen im Rahmen einer demokratischen Debatte überhaupt selber eine Meinung zu bilden. 1861 erklärte John Stuart Mill deshalb in seinen »Considerations on representative Government«: »Ich halte es für gänzlich unzulässig, dass jemand wahlberechtigt sein soll, der nicht lesen und schreiben kann und (…) oder die Grundrechenarten nicht beherrscht« (Mill 1971, S. 146). Der gleiche Mill forderte im gleichen Werk das Stimm- und Wahlrecht für Frauen – lange vor der Einführung im ersten Staat der Welt und vor der Frauenstimmrechtsbewegung.

Teil II: Analyse

Zweifellos ist es von Vorteil, wenn eine Gruppe oder das Volk – wie bei jeder Tätigkeit – die demokratische Mitwirkung regelmässig üben kann. Das ist bei Wahlen, die nur alle paar Jahre über die Bühne gehen kaum der Fall. Die Schweiz ist diesbezüglich aufgrund der verschiedenen direktdemokratischen Möglichkeiten auf mindestens drei Staatsebenen (Bund, Kantone, Gemeinde) der Staat mit den meisten direktdemokratischen Abstimmungen und Wahlen. Diese Auseinandersetzung mit Fragen der Selbstorganisation trägt zweifellos dazu bei, dass die getroffenen Entscheidungen von den Beteiligten eher akzeptiert werden, als wenn sie von einem Parlament gefällt werden: »Nur der ständige Gebrauch der direkten Demokratie schafft Direktdemokraten« (Moeckli 2013, S. 155). Ein auf Gemeinnutz ausgerichtetes System muss sicherstellen, dass die Kooperation nicht aufgekündigt wird – das ist ein Schlüsselfaktor für seine Funktionsfähigkeit (Surowiecki 2004, S. 191).

Aus diesen Gründen ist es merkwürdig, dass sich die institutionalisierte Politik mit der direkten Demokratie schwer tut und das Volk möglichst im Umfang seiner Mitsprache und in der Zugehörigkeit beschränken will. Warum das so ist, begründet Silvano Moeckli bezüglich der gewählten Politiker: »Direkte Demokratie heisst ja, dass sie einen Teil ihrer politischen Macht abgeben müssen und politische Prozesse weniger stark steuern können« (Moeckli 2013,

S. 155). Vor diesem Hintergrund ist es bemerkenswert, dass der ehemalige Uno-Generalsekretär Kofi Annan eine Uno der Völker und nicht der Regierungen wünscht – wohl auch aus der Erfahrung seiner eigenen Machtlosigkeit an der Spitze dieser Weltorganisation ohne eigene Machtmittel: »Alle Macht geht letztendlich vom Volk ausgeht und nicht von Regierungen« (Annan et al. 2013, S. 264). Ähnliches müsste für die Europäische Union gefordert werden, die sich zunehmend antieuropäischer Gegnerschaft ausgesetzt sieht: »Paradoxerweise ist an genau dieser europaweiten Bewegung die EU selbst schuld. Sie fährt ihren eigenen Karren aufgrund der ihr innewohnenden demokratischen Mängel an die Wand« (Enzensberger 2011, S. 35).

3.1 Männer und Frauen

Die älteste Diskriminierung bei der Festlegung der politischen Berechtigung ist zweifellos das Geschlecht. Männer behielten sich von Anbeginn der Demokratie die Entscheidungsmacht vor und schlossen die Hälfte der Bevölkerung, die Frauen, davon aus. Die Frauen akzeptierten das und sie liessen auch zu, dass die Männer allein über die politische Gleichberechtigung der Frauen, die Integration der Frauen ins »Volk«, entschieden. Die 1619 geschaffene Generalversammlung in Virginia gilt als Beginn der Demokratie in Amerika (Acemoglu und Robinson 2013, P. 542). Sie besass ein

Teil II: Analyse

Mitspracherecht an Gesetzgebung und Institutionen, stand aber nur den erwachsenen Männern offen. 1776 verknüpfte New Jersey das Wahlrecht mit einem bestimmten Vermögen, weshalb auch Witwen das Wahlrecht erlangen konnten – nicht aber verheiratete Frauen, da diesen die Möglichkeit von Besitz verwehrt war. Olympe de Gouges verlangte während der französischen Revolution 1791 das Frauenwahlrecht. Sie wurde unter anderem wegen dieser Forderung zwei Jahre später hingerichtet. Sie ging den Machthabern offenbar zu weit. Die Männer waren nicht bereit, ihre Macht zu teilen, und sie fürchteten wohl den Machtverlust durch Machtteilung. Unterbewusst mussten sie geahnt haben, dass die eigenen Argumente gegen ein Frauenwahlrecht nicht überzeugend waren, weshalb man sicherheitshalber der Frau den Kopf abschlug, auf dass ihre Stimme nicht noch weitere Kreise hätte überzeugen können.

Im 19. und 20. Jahrhundert begann dann die Diskriminierung der Frauen bezüglich der politischen Rechte langsam, aber unaufhaltsam zu verschwinden: 1853 führte Vélez in Kolumbien als erste Stadt das Frauenwahlreicht ein; 1869 der Bundesstaat Wyoming; 1893 Neuseeland als erstes Land der Welt (aktives Wahlrecht, 1919 passives Wahlrecht); 1906 Finnland als erstes Land in Europa; 1917 Aserbaidschan als erstes Land mit islamischer Glaubensmehrheit; 1919 Deutschland; 1920 USA; 1945 Frankreich; 1971 Schweiz (Kanton Appenzell Innerrhoden 1990) und

1984 das Fürstentum Liechtenstein als letztes Land in Europa (Wikipedia 2015).

Interessant ist in diesem Zusammenhang die Einführung des Wahlrechtes in Grossbritannien. Während des ersten Weltkrieges wurden die Frauen zum Wehrdienst einberufen, was die Stellung der Aristokratie schwächte: »Die Einberufung von Frauen zum kriegsbezogenen Arbeitsdienst bewirkte letztlich das Frauenwahlrecht« (Drucker 2010, S. 140). Man könnte auch den Zusammenhang zwischen der Wehrbereitschaft der Schweizerischen Landsgemeinden und dem Stimmrecht herstellen: Wer sein Land, notfalls unter Opferung seines Lebens verteidigen hilft, soll auch über dessen Geschick mitbestimmen können. Die britischen Frauen mussten nebst dem Leisten von Wehrdienst aber auch Geduld aufbringen. 1919 erhielten sie das Wahlrecht erst ab 28 Jahren und nur, wenn sie aufgrund von Besitz das kommunale Wahlrecht besassen. Erst 1928 fielen diese Schranken in Grossbritannien (Wikipedia 2015).

3.2 Status

3.2.1 Besitz

Geld als Vermögen oder Einkünfte spielt bei der Regelung der politischen Mitbestimmung seit jeher eine Rolle. Darin spiegelt sich

Teil II: Analyse

die archetypische Verbindung zwischen der Fähigkeit, für die Gemeinschaft etwas leisten zu können, und der Berechtigung, an ihrer Gestaltung mitzuwirken. So waren in Athen jene Bürger von der Volksversammlung ausgeschlossen, die Schulden gegenüber dem Staat hatten (Szpiro 2011, S. 5) Im 18. Jahrhundert war in England das passive und aktive Wahlrecht in Abhängigkeit vom Vermögensertrag differenziert geregelt. Nur wer jährlich mindestens 600 Pfund Ertrag aus Ländereien oder Vermögen nachweisen konnte, war als Abgeordneter wählbar. Aktiv wählen durften nur Personen, deren Vermögen jährlich wenigstens 20 Pfund Ertrag abwarf (Hamilton et al. 1958, S. 327).

Solche Restriktionen führten dazu, dass im 18. Jahrhundert nur der kleinste Teil der Bevölkerung überhaupt wahlberechtigt war; teilweise weniger als zwei Prozent (Acemoglu und Robinson 2013, P. 3369). Für die damalige Zeit war das aber kein Grund zur Aufregung – im Gegenteil. Nachdem der König als Einzelner durch die Mitwirkung vieler ersetzt wurde, benötige es schon seine Zeit, bis dieses Recht fast allen zugestanden wurde. Selbst die amerikanischen Verfassungsväter konnten in der Beschränkung auf einige wenige Prozent der Bevölkerung keinen Nachteil erblicken. Sie verwendeten die Zustände im »englischen Mutterhaus« sogar dazu, ihre demokratischen Ideen zu verteidigen, da man nicht sagen könne, »dass in England die Vertreter des Volkes die Wenigen zum Nachteil der Vielen begünstigt hätten« (Hamilton et al. 1958, S. 327).

In Amerika waren anfänglich ebenfalls nur Grundbesitzer zu Versammlungen in den Bundesstaaten zugelassen (Acemoglu und Robinson 2013, S. P. 575) – wohl aus der Überlegung, nur wer Grundbesitz habe, habe Teil am »Land« und sei an der Gestaltung des Zusammenlebens innerhalb dieses Landes berechtigt und an dessen Verteidigung interessiert. Mit der amerikanischen Bundesverfassung wurde das Wahlrecht aus dieser ursprünglichen Abhängigkeit von Grundbesitz gelöst. Der Entwurf ging noch weiter und verzichtete auf irgendeine Form von Eigentum als Voraussetzung für das Wahlrecht; aber auch auf Beschränkungen der Herkunft (Hamilton et al. 1958, S. 327). Dass dabei Schwarze und die indigene Urbevölkerung selbstverständlich und ohne explizite Erwähnung als ausgeschlossen galten, wirft ein Licht darauf, wie eine Gesellschaft und Kultur die Wahrnehmung beeinflusst und wie ein Begriff wie »Herkunft« zeitabhängig interpretiert oder ausgelegt werden kann.

Geld spielt nicht zufällig eine Rolle bei der Regelung der Mitwirkung an politischen Prozessen. Entscheidungen können nur umgesetzt werden, wenn dafür auch die nötigen Ressourcen zur Verfügung stehen: Soldaten für den Krieg, Finanzen für die Realisierung von öffentlichen Werken und Aufgaben. Deshalb ist diese Verknüpfung des wirtschaftlichen Leistungsvermögens mit der politischen Mitwirkung nicht a priori zu kritisieren. Sie spielte früher bei Einbürgerungen in der Schweiz eine wichtige, selektionierende Rolle: Nur wer als Bürger etwas zum Gemeinwohl beitragen konnte, hatte Chancen auf die Aufnahme. Personen, die der Allgemeinheit eher zur Last fallen würden oder zu Sozialfällen werden könnten, wurden ausgeschlossen. Bürge sollte eben nur der werden, der auch etwas beitragen konnte, und als Gegenrecht erhielt er als Bürger das politische Mitbestimmungsrecht – unabhängig von seiner wirklichen Beitragsleistung. Preussen dagegen hat 1849 eine Stimmgewichtung eingeführt: Wer mehr an Steuern zahlt, hat mehr Gewicht bei den Wahlen; eingeteilt in drei Klassen. Das Dreiklassenwahlrecht führte dazu, dass 20 Prozent der Bevölkerung über 66 Prozent der Parlamentssitze bestimmte (Kriesi und Bochsler 2013, S. 31). Die Autoren vermerken leider nicht, ob die 20 Prozent auch für 66 Prozent aller Steuereinnahmen gesorgt haben.

Die Liberalen im 18. Jahrhundert wollten verhindern, dass die Willkür der Fürsten durch die Willkür einer Mehrheit abgelöst würde. Das Stimmrecht sollte deshalb von einem minimalen Vermögen abhängen und Sozialhilfeempfänger waren davon ausgeschlossen (Kappeler 2014a, S. 33). Denn mit dem Mehrheitsentscheid wird auch die

Möglichkeit geschaffen, dass auf demokratischem Weg Vermögen und Einkommen umverteilt werden. Darauf und auf die gravierenden Folgen und Gefahren wird im Kapitel 4 ausführlich eingegangen. Abschliessend nur der Hinweis, dass mit Geld natürlich auch Wahlen beeinflusst werden können. Diese haben sich in der Gegenwart beispielsweise in den USA zu kostspieligen Mammutveranstaltungen mit gigantischen Kosten entwickelt. Um den Einfluss von Geldern zu beschränken, dürfen deshalb Amerikaner höchstens 123'000 Dollar an Politiker und Parteien spenden (Ruf 2014).

Andererseits gibt es auch Entwicklungen, um den Einfluss von wirtschaftlichen Kräften zu stärken. In australischen Städten sind beispielsweise nicht nur die Bewohner wahlberechtigt. Auch Inhaber von Geschäften auf dem Stadtgebiet, die ausserhalb wohnen, sind bei kommunalen Wahlen politisch berechtigt. Das ein weiteres Beispiel dafür, wie Wohnsitz und demokratische Mitwirkung räumliche auseinanderfallen können. Geschäftsinhaber sollen neu sogar zwei Stimmen erhalten und der Stimmpflicht unterstellt werden, um ihr Einfluss zu stärken (Gmür 2014). Die Verbindung von wirtschaftlichen Interessen, finanzieller Leistungsfähigkeit und politischer Mitwirkung hat sich während der Entwicklung demokratischer Modelle ständig verändert, sich den Umständen und Bedürfnissen der Zeit angepasst. Das legt für die Zukunft nahe, dass diese Entwicklung wohl nie abgeschlossen sein wird.

3.2.2 Staatsbürgerschaft

»Die Differenz zwischen «hommes» und «citoyens» muss immer wieder zwischen denen unterscheiden, die zu einem Staat dazugehören, und denen, die keinen Staatsbürgerschafts-Status beanspruchen dürfen sollen« (Christophersen 2009, S. 102). Diese Differenz, ist bei der Regelung der politischen Mitwirkung von zentraler Bedeutung. Sie ist eine erstaunliche »Selbstverständlichkeit«, über die in der Literatur kaum etwas zu finden ist. In einem Land wie der Schweiz mit über einem Viertel der Bevölkerung, die als »Ausländer« nicht über die Staatsbürgerschaft verfügen und damit von den politischen Rechten fast vollständig ausgeschlossen sind, muss man sich über diesen Zusammenhang Gedanken machen. Ein Viertel der Bevölkerung, das Steuern zahlt und zum Teil seit Generationen zur Bevölkerung gehört, ist von der politischen Mitbestimmung qua Staatsbürgerschaft ausgeschlossen und kann damit nicht darüber mitbefinden, was mit ihrem Steuersubstrat gemacht wird.

Umgekehrt kann die Staatsbürgerschaft zu einer mehrfachen Berechtigung führen: auf Gemeinde-, Kantons- und Bundesebene. Dieses Prinzip ist in föderalen Staatswesen verbreitet, macht aber in internationalen Dimensionen oder gar in einer weltumspannenden Demokratie (noch) Probleme: »Wer ist eigentlich der demos der transnationalen Demokratie (…) wer ist das Volk, von dem nach allgemeiner Auffassung alle - verfassungsgebende - Gewalt ausgeht?« (Wenzel 2011)

Die Lösung mit der mehrfachen Souveränität und der Aufteilung von Kompetenzen für verschiedene staatliche oder gar überstaatliche Ebenen ist theoretisch einfach, praktisch aber schwerlich zu realisieren, auch wenn heute das Internet theoretisch Möglichkeiten bietet, weltweit Abstimmungen oder Wahlen zu organisieren. Die nationalen Abstimmungen über eine europäische Verfassung haben deutlich gemacht, dass sie mit tief verankerten Vorstellungen und Emotionen konfrontiert wird.

Die Leistung des Staatsbürgers an den Staat besteht in seinem körperlichen Einsatz im Kriegsfall, in Frondienst und im Bezahlen von Steuern. Er bürgt für den Staat als Institution; er ist eben Bürge und damit verpflichtet, staatliche Leistungen zu verbürgen. Die finanzielle Verantwortlichkeit als steuerzahlender Staatsbürger tritt an die Stelle des Lebens, das ein Soldat für sein Gemeinwesen im Notfall opfert (Kappeler 2014a, S. 33). Als Gegenleistung darf er zumindest den staatlichen Schutz vor Krieg und vor Gewalt durch Mitbürger erwarten. Der Staat ist in seinem Ursprung immer Militär- und Polizeistaat: »Er ersetzt die Angst vor Gewalt durch sein Gewaltmonopol« (Hank 2012, P 1236). Dafür zahlen sie im schlimmsten Fall mit ihrem Leben oder in friedlicheren Zeiten ihren Steuerpreis: »Das Recht, Steuern einzutreiben, ist nichts anderes als die Legitimation fortgesetzten Diebstahls des Eigentums seiner Bürger, wie schon Thomas von Aquin festgestellt hat« (Hank 2012, P. 1238).

Die Staatsbürgerschaft als Kriterium für das Recht zur demokratischen Mitwirkung lässt sich aber nicht allein über die Pflicht zur Steuerzahlung definieren. In diesem Fall müssten ja steuerzahlende Nichtstaatsbürger, Ausländer also, eingeschlossen werden. Staatsbürgerschaft ist ein willkürliches Kriterium. Staatsbürgerschaft ist in der Regel ein Status und es gibt dafür nur einen eingeschränkten Rechtsanspruch. Es kann willkürlich festgelegt werden, wer Staatsbürger werden kann und wer nicht. Lange Zeit pflegten die Staaten Zurückhaltung in Bezug auf eine mehrfache Staatsbürgerschaft einer Person. Für welche würde sie sich denn im Not- oder Kriegsfall entscheiden und sich buchstäblich aufopfern? Wo würde sie ihr Wahlrecht ausüben?

Die Staatsbürgerschaft und damit das Wahlrecht bleiben verknüpft mit der Grundfunktion des Staates als Schutzmacht mit Gewaltmonopol. Die Europäische Union als Staatenbund hat zwar eine Unionsbürgerschaft entwickelt; diese gilt aber völkerrechtlich nicht als Staatsbürgerschaft, da sie nur EU-interne

Belange betrifft und nicht gegenüber andern Staaten rechtswirksam ist. Trotz dieser Tendenzen bleibt die Staatsbürgerschaft eines der zentralen Kriterien zur Bestimmung der Zugehörigkeit zum »Volk« als Teilmenge der Bevölkerung, die über politische Rechte verfügt.

Der Staat als Schutzmacht verfügt über das Gewaltmonopol, um inneren und äusseren Frieden zu sichern. Die hoheitliche Gewalt, die Unterordnung der einzelnen Bürger unter die von der Gemeinschaft ausgeübte Gewalt, hat im heutigen Verständnis von Staatsbürgerschaft zur Konsequenz, dass die Freiheit des Einzelnen daran ihre Grenze findet. Das Gewaltmonopol sichert nicht nur den Frieden und die Freiheit, es verpflichtet und vereinnahmt gleichzeitig den Staatsbürger in absoluter Weise. Der französische Philosoph Michel Foucault hat dieses Paradox in seinem Werk »Surveiller et punir« (1975) als strukturelle Gewalt definiert. Der Wirtschaftswissenschafter Ludwig von Mises interpretierte Demokratie als Selbstbestimmung, Selbstregierung, Selbstherrschaft. Er forderte, dass jedem Staatsbürger das freie Recht auf Sezession zustehen müsse: Austritt aus der Mitgliederorganisation namens Staat (Hoppe 2003, S. 174). Nur so könne er selbst bestimmt sich selber regieren. Der Staat sei eine freie Mitgliederorganisation und die persönliche Freiheit nur gewährleistet, wenn auch ein »Austritt« möglich sei. Das Dilemma zwischen Zwangsmitgliedschaftsorganisation und der

Aufkündigung durch Einzelne oder ganze Regionen als Ausdruck von Selbstbestimmung ist bis heute ungelöst.

3.2.3 Steuern

Ein weiteres zentrales Kriterium, Menschen das politische Wahl- und Stimmrecht zu gewähren, sind die Steuern. Wie oben im Zusammenhang mit der Staatsbürgerschaft teilweise bereits erwähnt, besteht hier ein enger Zusammenhang. Wer Beiträge an das Staatswesen leistet, soll auch über deren Verwendung befinden dürfen: Wer zahlt, befiehlt. Die amerikanische Revolution formulierte dieses Prinzip zu ihrem eigentlichen Schlachtruf: »No taxation without representation« (keine Besteuerung ohne Repräsentation) (Kriesi und Müller 2013, S. 26). Wirklich?

Selbstverständlich kennt auch diese Regel Ausnahmen wie den steuerzahlenden Ausländer und viele andere Kategorien, die auf willkürlichen Festlegungen basieren. Andererseits gibt es Steuerzahler, die bewusst ausgeschlossen werden, um ihren Einfluss auf politische Entscheidungen auszuschliessen. Beim passiven Wahlrecht sind in vielen – aber längst nicht allen – Staaten dessen eigene Beamten von einem Parlamentssitz ausgeschlossen: »Es kann nicht angehen, dass diejenigen, die Befehlsempfänger der regierenden Versammlung sind, mitentscheiden dürfen, wie diese Befehle lauten sollten,« lautet die Begründung für diesen Ausschluss (Horn 2013a, S. 134). Vor diesem Hintergrund wird auch der vollständige Ausschluss von Staatsangestellten von der politischen Mitwirkung angeregt, weil diese nämlich gar keine Steuern zahlten. Staatsangestellte mit einem Lohn von 5000 Franken, der 1000 Franken Steuern zahlt, erhält eigentlich 4000 Franken und zahlt gar keine Steuern: »Sobald dies einmal verstanden worden ist, wird offensichtlich, weshalb bestimmte Gruppen wie Schullehrer oder Universitätsprofessoren fast immer und gleichermassen für höhere Steuern sind« (Hoppe 2003, S. 210–211). Die höheren Steuern würden sie gar nicht zahlen; sie peilten nur höhere Löhne an.

Die Höhe der Steuern hat dagegen (heute) keinen Einfluss mehr auf den Umfang der politischen Rechte. Ausführlicher gehe ich darauf unter 5.2.3 ein. Hier sei nur noch festgehalten, dass die praktisch überall akzeptierte und praktizierte Steuerprogression, die Steigerung der prozentualen Steuerlast bei höherem Einkommen oder Vermögen, durchaus auch als diskriminierend eingestuft werden kann: Steuerprogression diskriminiert Menschen nach ihrem Einkommen und Vermögen. (Horn 2013c). Ausserdem hat sich das Verständnis von Steuern fundamental verändert. Die Republiken Florenz und Venedig betrachteten die Steuern ihrer Bürger als rückzahlbare Darlehen und garantierten dafür sogar einen verlässlichen Zinssatz (Hank 2012, P. 4190). Heute dagegen sind Steuern eine Zwangsabgabe, die für immer verloren ist – »à fonds perdu«. Umso wichtiger ist es deshalb, dass der Steuerpflichtige auch über deren Verwendungen mit entscheiden kann.

3.3 Alter

Die politische Mündigkeit, das Alter also, mit dem das Stimm- und Wahlrecht zugestanden wird, hängt von staatlicher Regelung ab, die explizit oder implizit sein konnte. Letzteres dürfte für die Appenzeller Landsgemeinden im 15. Jahrhundert der Fall gewesen sein. An ihnen waren alle Männer schon ab dem 16. Altersjahr teilnahme- und stimmberechtigt (Fischer et al., S. 199). Damals galt wohl schon ein 16-jähriger als erwachsen, als Mann und damit als vollwertiger Mitbürger, der vor allem für den Kriegseinsatz taugte und in Frage kam. In der Neuzeit aber wird dies erst vor oder nach dem 20. Altersjahr angenommen. Warum eigentlich? Warum haben Kinder kein Stimmrecht? Selbstverständlich wird argumentiert, weil sie nicht in der Lage seien, politische Fragen zu beurteilen und zu entscheiden. Ist diese Argumentation zutreffend und sinnvoll?

Sie kann durchaus in Frage gestellt werden. In der Schweiz wurde das Alter der politischen Mündigkeit Ende des 20. Jahrhunderts von 20 auf 18 Jahre gesenkt – mit der Argumentation, dass die zivilrechtliche Mündigkeit ebenfalls auf 18 Jahre gesenkt wurde: die

Möglichkeit, Verträge abzuschliessen, zu heiraten und für all seine Rechtsgeschäfte autonom und verbindlich zu entscheiden. Wieso kann das derjenige noch nicht, der 17 Jahre und 364 Tage alt ist? Wieso kann es der 16-jährige nicht? Man kann also diese Altersfestlegung durchaus diskutieren und sie hat sich ja auch als veränderbar erwiesen.

Irgendwann stösst diese Extrapolation des Mündigkeitsalters bei Kleinkindern auf eine physische und psychische Grenze, weil sie schlicht nicht in der Lage sind, eine Stimme für eine Wahl oder eine Sachvorlage abzugeben oder einen Stimm- oder Wahlzettel auszufüllen. Ist das ein Grund, Ihnen keine politischen Rechte zuzugestehen? Nicht unbedingt. Es gibt sehr viele andere Rechtsgeschäfte, die ihre Eltern als Inhaber der elterlichen Gewalt stellvertretend für sie erledigen: Annahme von Geschenken oder Erbschaften, Eröffnung eines Sparkontos, Einwilligung zu operativen Eingriffen etc. Deshalb ist es durchaus denkbar, allen Menschen unabhängig von ihrem Alter das Stimm- und Wahlrecht zuzugestehen. Die Eltern könnten in diesem Fall in Vertretung ihrer Kinder das Stimmrecht wahrnehmen, wie sie das in andern Fällen auch tun, denn sie sind ja für das Wohl ihres Nachwuchses verantwortlich und in der Regel auch besorgt. Sie würden das Stimmrecht wohl in gleicher Weise für ihre Kinder wahrnehmen, wie sie selber stimmen.

Teil II: Analyse

Wäre das ungerecht? Würden die Familien damit bevorteilt? Was ist daran anders, wenn ein Sohn für seine betagte Mutter Wahlzettel ausfüllt? Das ist eine politische Frage, wie auch die Festlegung der heutigen politischen Mündigkeit im Umfeld von 20 Altersjahren eine politische Entscheidung darstellt. Für diese Lösung spricht, dass damit der Jugend überhaupt ein Einfluss auf politische Prozesse zukommt, von denen sie von allen Stimmberechtigten am längsten betroffen sein werden. Den Familien käme ein Gewicht zu, das vermutlich die sonst praktisch erfolglose und folgenlose Familienpolitik wirklich verändern würde.

Am andern Ende wurde auch schon darüber diskutiert, dass beim Stimmrecht eine sogenannte Altersguillotine eingeführt werden sollte: Nach einem bestimmten Alter würde das Stimmrecht entzogen. Hintergrund ist die Tatsache, dass sich die älteren Generationen in der Regel stärker an Wahlen und Abstimmungen beteiligen und damit einen stärkeren Einfluss auf die politischen Prozesse ausüben, von denen sie im Gegensatz zu den nicht stimmberechtigten Kindern wesentlich weniger lang noch betroffen sind.

Das ist ihnen aber nicht anzulasten, denn die jüngeren Generationen haben – mit Ausnahme der bisher nicht stimmberechtigten Kinder und Jugendlichen – die gleiche Möglichkeit, sich zu beteiligen. Es ist ihre Entscheidung, welche Bedeutung sie dieser Möglichkeit zukommen lassen. Die erwiesene, proportional überdurchschnittliche Beteiligung der älteren Generationen könnte sich durchaus auch positiv auf die Entscheidungen auswirken – wenn denn die Altersweisheit zum Tragen kommt und sich die Generation *Golden Age* nicht nur für möglichst hohe Altersrenten einsetzt.

Ebenso könnte die Frage diskutiert werden, ob die politischen Rechte jenen entzogen werden, die sie nicht wahrnehmen, die also die Kehrseite des Rechtes, die Pflicht zur Mitwirkung, nicht wahrnehmen: Wer zweimal in Folge, ein Jahr oder eine Amtsperiode lang das Stimmrecht nicht wahrnimmt, verliert es und erhält es nur auf Antrag oder gegen eine Abgabe wieder zurück. Damit liesse sich ein beträchtlicher Aufwand an Ressourcen für Versand von Unterlagen einsparen. Gleichzeitig würde die Stimmbeteiligung erhöht, da nur noch die aktiv Stimmberechtigten für die Erhebung einbezogen würden. Ein Schweizer Kanton kannte bis in der zweiten Hälfte des 20. Jahrhunderts eine Stimmpflicht mit Bussen bei Versäumnis. In diesem Kanton (Schaffhausen) ist heute noch die Stimmbeteiligung aufgrund dieser verwurzelten Tradition deutlich höher als in andern Kantonen.

3.4 One man, one vote

Im 19. Jahrhundert gab es wie oben dargestellt sehr unterschiedliche Wahlsysteme wie etwa das Dreiklassenwahlrecht in Preussen, das den demokratisch Berechtigten unterschiedlichen Einfluss auf Wahlen vermittelte. In England erhoben 1838 die Chartisten die Forderung, dass alle Männer ab 21 Jahren stimmberechtigt sein sollten, die »bei vollem Verstand und nicht wegen eines Verbrechens bestraft waren« (Acemoglu und Robinson 2013, P. 5443). Dieses Prinzip kulminierte in der einprägsamen Formel »one man, one vote«: ein Mann (eine Person/ein Mensch), eine Stimme. Die Auseinandersetzung um die Ausgestaltung der politischen Rechte verhalf dieser eingängigen Formulierung im 20. Jahrhundert praktisch überall zum Durchbruch, wo demokratische Verfahren etabliert wurden.

So einfach sich diese Formulierung anhört und so leicht sie auf den ersten Blick zu überzeugen vermag – so einfach ist die Sache aber trotzdem nicht. Ob sie gerecht ist, wird später zu hinterfragen sein. Wenn unterschiedlich grosse Wahlkreise gebildet werden oder wenn zwischen den Bundesländern oder Kantonen grosse Unterschiede in der Zahl der zu wählenden Abgeordneten oder der Bevölkerungszahl existieren, kommt nicht jeder Stimme das gleiche Gewicht zu – ihr Einfluss kann sich sehr unterschiedlich auf das Ergebnis einer Wahl in einem föderalistischen System auswirken.

1962 beschäftigte sich das oberste amerikanische Gericht mit diesem Prinzip beziehungsweise mit der möglichst gerechten Umsetzung aufgrund bevölkerungsmässig unterschiedlich grosser

Wer ist das Volk und was hat es zu sagen?

Wahlkreise (Acemoglu und Robinson 2013, P. 7139). 2002 führte eine vom Bundesgericht gutgeheissene Stimmrechtsbeschwerde im Schweizer Kanton Zürich zu einem neuen Zuteilungsverfahren, heute bekannt als »doppelter Pukelsheim«. Das vom Mathematiker Friedrich Pukelsheim entwickelte, doppelproportionale Zuteilungsverfahren stellt sicher, dass kleinere Parteien bei bevölkerungsmässig sehr verschieden grossen Wahlkreisen nicht übermässig benachteiligt werden. Das Verfahren wurde erstmals im Kanton Zürich (2006) eingesetzt und später von anderen Kantonen und Städten übernommen.

An dieser Stelle wird darauf verzichtet, auf die sich daraus ergebenden mathematischen und wahlmethodischen Probleme einzugehen, da es dazu ausführliche Literatur gibt. Sie lässt sich mit einer für jedes Rechtssystem gültigen, aber bedenkenswerten Erkenntnis zusammenfassen: Es gibt keine mathematisch korrekte und politisch taugliche Lösung der damit zusammenhängenden Probleme. »One man, one vote« führt also keineswegs dazu, dass die Stimme einer jeden Person das gleiche Gewicht hat und ihr der gleiche Einfluss auf das Ergebnis einer Wahl oder Abstimmung zukommt.

Bemerkenswert daran ist, wie eine eingängige Formulierung schnell überzeugt und als »gerecht« erachtet wird, ohne dass die dahinter verborgenen Probleme überhaupt erkannt werden. Ausserdem ist es

Teil II: Analyse

erstaunlich, dass heute jede Qualitätssicherung optimale Ergebnisse liefert, weil sie nicht auf das simple Ja/Nein beschränkt ist. Bewertungen erlauben selbstverständlich differenzierter Beurteilungen und Entscheidungen: Sehr dafür – dafür – dagegen – sehr dagegen beispielsweise. Die Auswertung könnte nach dem Schema erfolgen: Sehr dafür (+2) – dafür (+1) – dagegen (-1) – sehr dagegen (-2). Sie würde den Stimmberechtigten ein differenzierteres Urteil ermöglichen, was mit einem digitalen Abstimmungs- und Auswertungsverfahren zu bewältigen wäre.

Nebst einer möglichst gerechten Ordnung von Wahlkreisen für die Wahl der Abgeordneten eines Parlamentes ist auch das Mehrheitsprinzip bei Abstimmungen keineswegs so gerecht, wie es auf den ersten Blick den Anschein erweckt. Das sogenannte Condorcet-Paradox wurde Ende des 18. Jahrhunderts vom gleichnamigen französischen Mathematiker und Aufklärungspolitiker entdeckt. Es besagt, dass bei drei Möglichkeiten A, B und C je eine Mehrheit A gegenüber B und B gegenüber C bevorzugt, trotzdem aber C gegenüber A bevorzugt werden kann. In der Praxis führt das Paradoxon dazu, dass C gewinnen wird, obwohl A und B zusammen mehr Stimmen erreichen. Der Mehrheitsentscheid scheint einleuchtend, kann auf den zweiten Blick aber täuschen und repräsentiert nicht die wirkliche Mehrheit, die sich bei einem sukzessiven Entscheidungsverfahren ergeben würde. Das ist auch der Grund dafür, weshalb bei mehreren Anträgen in einer parlamentarischen Abstimmung zu einer Vorlage von buchstäblich entscheidender Bedeutung ist, welche Varianten einander zuerst einander gegenüber gestellt werden: Die erste, die ein Ausscheidungsverfahren verliert, kommt i.d.R. später gar nicht mehr ins Spiel.

Da Mathematik und das Condorcet-Paradox offenbar schwer verständlich sind, hat sich die Mehrheitsentscheidung als Hauptmerkmal einer Demokratie durchgesetzt. Es wird dabei verdrängt, dass sich bei Abstimmungen nicht zwingend ein Entscheid von einer Mehrheit getragen ist. Die Verdrängung dieses Problems war so nachhaltig, dass die Erkenntnis von Condorcet ganz in Vergessenheit geriet und in den beiden nachfolgenden Jahrhunderten zweimal »wiederentdeckt« wurde: ohne Folgen für das Prinzip der nur vordergründig gerechten Mehrheitsentscheidung. In Kapitel 4 wird ausführlich darauf eingegangen, was am Prinzip »one man, one vote« sich zusätzlich und je länger desto mehr als problematisch erweist – auch wenn die Formel noch so eingängig ist.

3.5 Mehrheit, Minderheit und Mathematik

3.5.1 Die Zahl der Partizipierenden

Schon die beiden Grundphilosophien der Demokratie – republikanische und liberale Tradition – unterscheiden sich bezüglich ihrer

Vorstellung über die Zahl der demokratisch Mitwirkenden (Blatter 2011). Die republikanische Sicht fokussiert auf die Gemeinschaft, die »res publica«, also auf das Ganze: Es geht ihr deshalb im Kern um die Selbstbestimmung dieser Gemeinschaft. Diese ist aber einfacher zu gestalten, wenn an der Meinungsbildung dieser gemeinsamen Ordnung nicht zu viele Beteiligte mitwirken, weshalb die republikanische Tradition die wahl- und stimmberechtigten Bürger möglichst klein halten will.

Die liberale Ausrichtung dagegen stellt das Individuum in den Mittelpunkt ihrer Philosophie: Jeder, der einer politischen Herrschaft unterworfen ist, muss auch das Recht haben, dieses politische System mit zu bestimmen. Aufgrund dieser Überlegung dürfte es eigentlich keinen Ausschluss von Mitwirkungsrechten von Rechtsunterworfenen geben – es sei denn, sie hätten die Möglichkeit, aus der »Zwangsmitgliedschaftsinstitution« austreten zu können.

Aus diesem Grund ist auch die Beteiligungsquote an Wahlen und Abstimmungen ein Hinweis darauf, welche Bedeutung ihnen von den Beteiligten zugemessen wird, welcher Stellenwert einem Ausgang zukommt und wie eindeutig das Ergebnis ausfällt. Ein sehr knapper Ausgang – wie bei der Masseinwanderungsinitiative in der Schweiz 2014 – führt dazu, dass die Umsetzung stärker diskutiert wird und umstrittener ist, als ein unzweideutiger Entscheid mit beispielsweise über 75 Prozent der Stimmen. Die Wahl- und Stimmbeteiligung wird damit zum Massstab, wie deutlich der Wille des Volkes zu einer Frage erkennbar ist.

Die Zahl der Beteiligten muss selbst in Versammlungsdemokratien kein technischer Hinderungsgrund sein. In Athen kamen offenbar regelmässig Tausende von Bürgern zusammen. Diese Masse gab zweifellos den Entscheidungen Gewicht und verlieh ihnen auch einen absoluten Charakter: Entscheidungen der Volksversammlung wurden als Volkswillen verstanden und daher von keiner höheren Autorität überprüft: »Die Volksversammlung war also per Definition unfehlbar« (Szpiro 2011, S. 5). Erst mit der Verfassungsgerichtsbarkeit wurde eine Begrenzung der absoluten Entscheidungsgewalt von Parlamenten eingeführt.

Bei der Frage, ob auch die Souveränität des Volkes als Verfassungsgeber durch völkerrechtliche Grundsätze beschränkt ist, streiten sich bis heute die Geister. Ein weiterer Aspekt der Masse sind die Kosten für deren Beeinflussung: »Es ist wesentlich teurer, die grosse Zahl der potenziell Abstimmenden zu beeinflussen, als eine weit kleinere Zahl von Abgeordneten im Parlament.« (Frey 2014). Angesichts dieser mathematischen Aspekte und Probleme ist man geneigt, den griechischen Zufallsentscheid mit Los zu propagieren. Montesquieu hat ihn laut Rousseau als emotional vorteilhaft taxiert:

»Das Los ist eine Art zu wählen, die niemand kränkt« (Rousseau 1946, S. 132).

3.5.2 Betroffene, Profiteure und Ausgebeutete

Zur Lotterie kann Demokratie auch dadurch werden, dass zwischen der von einem Entscheid betroffenen Bevölkerung und dem entscheidenden Souverän eine grosse Diskrepanz vorhanden ist, also eine Mehrheit davon kaum oder gar nicht betroffen ist: »Die zentrale Abstimmung verliert nur dann den Charakter einer Lotterie, wenn der Kreis der Beteiligten halbwegs mit dem der Betroffenen übereinstimmt« (Franck 2012, S. 59). Wenn also beispielsweise die ganze Schweiz über die Bauordnung einer einzelnen Gemeinde befinden würde, fallen Betroffenheit und Souverän so weit auseinander, dass nicht mehr von einem demokratischen Verfahren die Rede sein kann. Deshalb ist das föderalistische System mit der Verteilung von Kompetenzen auf unterschiedliche Gebiete und Körperschaften ein wichtiger Beitrag, Demokratie als Selbstbestimmung so zu organisieren, dass Entscheidungskompetenz und Betroffenheit einigermassen übereinstimmen.

Innerhalb dieses Rahmens ist Demokratie ein Verfahren, das Kooperationsprobleme lösen hilft, wobei Beteiligte und Betroffene gleichzeitig lernen oder realisieren, dass sie nicht alleine Ansprüche haben, sondern teilen müssen, weil andere Anliegen zu respektieren sind: »In diesem Sinn lehrt die Demokratie uns die Vorzüge des Kompromisseschliessens« (Surowiecki 2004, S. 343). Surowiecki meint an gleicher Stelle, es sei ein Beweis für die »Weisheit der Menge«, sich dafür zu entscheiden, Entscheidungen mit der demokratischen Methode zu fällen. Es liesse sich aber füglich darüber streiten, ob denn die demokratische Methode überhaupt in der Mehrheit der Staaten eine Mehrheit finden würde: Ob also eine Mehrheit sich für das demokratische Entscheidungsverfahren je entschieden hat oder noch entscheiden würde.

Die Mehrheitsentscheidung als Hauptmerkmal der Demokratie und als effizientes Verfahren kennt nicht nur die Problematik, dass Mehrheitsmeinungen nicht immer wirklich die Mehrheit verkörpern (Szpiro 2011, S. 72). Ein weiteres Problem ist der Umstand, dass dabei Minderheiten unterjocht werden können oder sie in einem Mass benachteiligt werden, die unter dem Gesichtspunkt der Gerechtigkeit als willkürlich und ungerecht bezeichnet werden muss oder den Vorstellungen der Menschenrechte zuwiderlaufen. Die Erfahrungen mit dem Entzug der Obhut und Fremdplatzierung von Kindern der Roma in der Schweiz oder jene von Verdingkindern zeigen, dass solche Erkenntnisse zum Teil erst aus historischer Perspektive als Unrecht eingestuft werden.

Teil II: Analyse

Es gäbe zahllose andere Beispiele und das Spektrum reicht von der Zwangseinweisung in psychiatrische Kliniken als massiver Eingriff in Persönlichkeitsrechte bis hin zur – aus heutiger Sicht – Bagatelle, die für die Klägerin subjektiv aber einschneidend war: Das Bundesgericht stellte vor rund 100 Jahren fest, dass eine Frau nicht Bergführerin werden könne, weil sie mangels Dienstpflicht für das Militär das Kriterium »dienstpflichtig« nicht erfülle und dieses Kriterium sachgerecht und damit rechtlich korrekt sei. Diese Hinweise zeigen auf, dass die Justiz trotz richterlicher Unabhängigkeit nicht unabhängig von Vorstellungen des Zeitgeistes urteilen kann, und dass sich die zeitgeprägten Ansichten wandeln können.

Diese Erkenntnis steht für die »Reichen« noch aus. Die Reichen sind heute eine diskriminierte Minderheit, denn Reiche machen nur einen kleinen Prozentsatz der Bevölkerung aus. Reichtum ist ausserdem relativ. Ein westeuropäischer Arbeiter wäre in Afrika ein reicher Mann. Was ein reicher Mann oder eine reiche Frau ausmacht, ist noch zu klären: Ist das jemand, der viel Geld verdient – aus Arbeitstätigkeit, Vermögensertrag oder andern Quellen? Oder ist jemand deswegen als reich zu bezeichnen, weil er oder sie über sehr viel Vermögen verfügt? Woraus besteht dieses Vermögen? Aus Bargeld, Gold, Wertschriften, Immobilienbesitz, Unternehmensanteilen, Bodenschätzen oder Nutzungsrechten an Patenten oder Urheberrechten? Ist das Vermögen verfügbar oder angelegt? Da aktuell die Reichen jene sind, die mehr Steuern zahlen sollten, damit die Staaten alle Leistungen finanzieren könnten, statt Schulden anzuhäufen, lassen sich Reiche auch ganz einfach als jene Personen definieren, die viele Steuern zahlen oder gemäss Steuergesetzgebung zahlen sollten.

Wer sie als diskriminierte Minderheit bezeichnet, wird zweifellos nicht auf Zustimmung bei einer Mehrheit stossen, die sich längst daran gewöhnt hat, dass es Steuerzahler gibt, die mehr als andere an den Staat abliefern und die Progression als eine Selbstverständlichkeit betrachten, die nicht mehr zu begründen ist. Dieses System hat zu Steuerbelastungen geführt, auf die noch einzugehen ist, und die »Reiche« dazu veranlasst, mit Steueroptimierung, Steuerflucht, Steuerhinterziehung und Steuerbetrug zu antworten. Die Mehrheit hat verlernt, dass es einen Gesetzgeber braucht, der Erlasse macht, die von der überwiegenden Mehrheit freiwillig befolgt werden. Wer diese rechtssoziologische Weisheit nicht beachtet, kann auch mit dem perfektesten Beamtenapparat die Rechtsordnung nicht durchsetzen, sondern erstickt in Bürokratie.

Wieso ist diese Entwicklung möglich geworden? Weil die Reichen zwar angeblich hinter den Kulissen grossen Einfluss auf die Politik ausüben. Ein Bild, das gerne bemüht wird, um vom Problem der

Teil II: Analyse

Steuerprogression und den Ursachen für Steuerflucht abzulenken. In Tat und Wahrheit aber gilt: »Als Wählergruppe sind die Reichen für Politiker vernachlässigbar« (Hank 2012, P. 3141). Darum haben sie, wenn es wirklich ums Abstimmen und Zählen geht, demokratisch keinen entscheidenden Einfluss: »In der parlamentarischen Demokratie kann die Mehrheit über das Geld der Minderheit verfügen« (Hank 2012, P. 4642). Diese Entwicklung steuert auf einen Kollaps zu, weil sich die Steuerschraube nicht beliebig drehen lässt, und dann die gemachten politischen Versprechen nicht mehr finanzierbar sind.

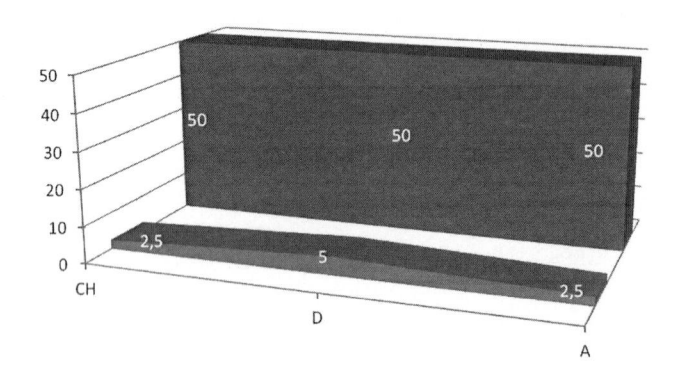

Tabelle Steueraufkommen und Steuerzahlende: Die Hälfte des Steueraufkommens (50 Prozent) wird in der Schweiz (CH) von 2,5 Prozent der Steuerpflichtigen geleistet, in Deutschland (D) von 5 Prozent und in Österreich (A) von 2,5 Prozent. (Quelle: Wolfgang Schüssel – Kapitel 5.4.3)

Das biologische Gesetz wird das System einholen: »Während es möglich ist, dass einhundert Parasiten mit den Produkten von eintausend Wirten ein bequemes Leben führen können, können eintausend Parasiten nicht von einhundert Wirten leben« (Hoppe 2003, S. 219). Zu viele Parasiten bringen den gesündesten Wirt um.

3.5.3 Mehrheitsentscheid: Effizient und unvollkommen

Der Mehrheitsentscheid hat in der Schweizer Geschichte das Einstimmigkeitsprinzip der Tagsatzung abgelöst, das sich für eine modere Staatsform als hinderlich für die Entwicklung erwiesen hat. Die staatliche Effizienz war offenbar nötig, um die eroberten Gebiete der Gemeinen Herrschaften gemeinsam zu verwalten, und hat in der Historikerperspektive dazu beigetragen, dass die Eidgenossenschaft überhaupt überlebt hat (Maissen 2015, S. 55). Der Mehrheitsentscheid bewirkt, dass Demokratie nicht mehr zur Umsetzung des Volkswillens führt. Es herrscht nicht mehr das ganze Volk, sondern »nur« die Mehrheit des Volkes (Merkel 2013, S. 106): Die Mehrheit entscheidet, nicht alle stehen hinter einem Entscheid, weil Einstimmigkeit bei Millionen von Beteiligten nur mit diktatorischen Methoden vorstellbar scheint.

Teil II: Analyse

Eine andere Sicht vertritt Condorcet bezüglich der Einführung der Mehrheitsregel: »Individuen dem Willen der Mehrheit zu unterwerfen dient der Aufrechterhaltung von Frieden und Ruhe« (Szpiro 2011, S. 72). Das ist aber nur der Fall, wenn sich alle Individuen den Entscheidungen der Mehrheit fügen, weshalb Demokratie immer in einem hohen Mass mit Fremdbestimmung des Einzelnen verbunden ist: »Kollektive Selbstregierung bedeutet niemals individuelle Selbstbestimmung« (Kielmansegg 2013, S. 108). Mathematisch ist es seit Kenneth J. Arrow leider sogar so, dass es bei Entscheidungen mit mindestens drei Lösungsmöglichkeiten (der Wahl von Parteien beispielsweise) keine Regel gibt, die vernünftigen Bedingungen entspricht – ausser sie sei erzwungen oder diktatorisch: »Die Welt der Demokratie war nun für immer verändert (…) Die Souveränität der Wähler ist einfach mit kollektiver Vernunft nicht verträglich« (Szpiro 2011, S. 162). Wenn die Kosten des Entscheidungsverfahrens untersucht werden, hat sich ebenfalls ergeben, dass die effektivste Regel bei Entscheidungen für das Kollektiv die Diktatur ist (Buchanan und Tullock 1987, S. 99).

Es ist offenbar so, dass es »keine erkennbare vollkommen gerechte soziale Regelung gibt, aus der eine unparteiische Einigung hervorginge« (Sen 2010, S. 44). Vor diesem Hintergrund fordert Hank, dass die Staatstheorie zur Kritik der Mehrheitsdemokratie werden muss, und dass der Umfang der Staatstätigkeit ausser Rand und Band zu geraten droht: »Längst stellt niemand mehr infrage, dass der Staat alles und jedes finanziell unterstützt« (Hank 2012, P. 1349 und P. 2862). Angesichts der aufgezeigten mathematischen Unzulänglichkeiten demokratischer Entscheidungen, insbesondere des Mehrheitsprinzips, scheint es ratsam, das System zu überdenken (siehe dazu Kapitel 5) und den Umfang staatlicher Regulierung zu überprüfen (nachfolgend dazu mehr in Kapitel 4).

Kommt hinzu, dass die Begriffe wie »öffentliches Interesse« oder »Gemeinwohl« überhaupt nicht definiert sind (Buchanan und Tullock 1987, S. 131). Die beiden Autoren holen dies nach und schlagen als Definition vor, das Allgemeinwohl setze einfach Einstimmigkeit voraus. Nur wenn alle Mitglieder einer Gruppe ein Anliegen einstimmig beschliessen, könne es als Allgemeinwohl bezeichnet werden. Einstimmigkeit könne auch erzielt werden, wenn der politische Entscheidungsprozess so gestaltet würde, dass darin alle Beteiligten genügend Vorteile erkennen (Buchanan und Tullock 1987, S. 285). Der ökonomische Ansatz von »public choice« stellt fest, dass die politische Theorie vorschnell davon ausgeht, Einstimmigkeit sei angesichts unterschiedlicher Interessen gar nicht möglich. Sie hält mit der Erfahrung aus privater wirtschaftlicher Tätigkeit dagegen, der geradezu darauf basiert, dass unterschiedliche Interessen wie Kaufen/Verkaufen durch Vertrag zur Zufriedenheit beider Interessen befriedigt werden können: »Note that in such an exchange the interests of two contracting parties clearly conflict. Yet unanimity is reached (...) The only test for the presence of mutual gain is agreement« (Buchanan und Tullock 1987, S. 252).

Wie problematisch die breit akzeptierten demokratischen Verfahren auch bei Wahlen sind, illustriert das folgende Beispiel: Nehmen wir an, bei einer Wahl stehen fünf Kandidaten zur Auswahl. A erhält 21 % der Stimmen, die Kandidaten B,C und D je 20 % und E schliesslich 19 %. Aufgrund der Majorzwahl wird A mit 21 Prozent der Stimmen gewählt. Würde aber A nur B gegenüberstehen, wäre es denkbar, dass B die Wahl mit 79 % gewinnt, weil A bei seinen 21 % verbleibt: eine typische Situation bei zweiten Wahlgängen, wenn ein absolutes Mehr notwendig ist (Buchanan und Tullock 1987, S. 329). Das Beispiel illustriert, dass bei demokratischen Verfahren aufgrund von tradierten Regeln sehr schnell Ergebnisse als »demokratisch« korrekt interpretiert werden, die mathematischen Überlegungen überhaupt nicht standhalten.

4

Demokratie und Defizit: Zwingende Konsequenz?

> Nicht das Versagen von Märkten ist das Thema der Staatskrise, sondern der Skandal, dass Mehrheitsdemokratien nicht mit Geld umgehen können.
> **(Rainer Hank)**

4.1 Gemeinwohl und Egoismus

Rousseau hat in seinem Werk über den Gesellschaftsvertrag darüber räsoniert, wie die Stimmberechtigten ihre Präferenzen wahrnehmen würden. Er ging in seiner idealistischen Philosophie davon aus, dass der Souverän das Beste für die Gemeinschaft anstreben würde. Zumindest scheint diese Idee hinter der verklausulierten Formel zu stecken, »das gemeinsame, sich vereinigende Interesse« (Rousseau 1946, S. 39) führe zum allgemeinen Willen, der darauf gerichtet sei, das Gemeinwohl anzustreben. Er setzt also voraus, dass der Souverän danach strebe, das Beste für die Gemeinschaft zu erreichen; was genau das Beste ist und wer das festlegt oder beurteilt, mag hier mal ausgeklammert bleiben. Jedenfalls erscheint der Souverän bei Rousseau ähnlich einer einzigen, kollektiven Person, die nur ein Interesse hat und gemäss diesem entscheidet.

Damit unterliegt die Vorstellung der Meinungsbildung und des Entscheidungsprozesses einem fundamentalen Irrtum. Diese »Person Souverän« besteht aus Tausenden von Individuen, die alle für sich eigene und unterschiedliche, ja häufig auch gegensätzliche Interessen haben. Sie streben in der Regel auch überhaupt nicht danach, denjenigen Entscheid zu treffen, der für die Gesellschaft oder zumindest für das Interesse einer Mehrheit ideal wäre – auch wenn sich häufig erst viel später sagen lässt, was denn »ideal« gewesen wäre; dann nämlich, wenn das Resultat oder die Folgen der Entscheidung sicht- und spürbar werden. Die Vorstellung, alle Menschen hätten ähnliche oder gar gleiche Ziele ist »einer der am weitesten verbreiteten Fehler im Umgang mit Menschen« (Roth 2011, S. 65). Auch die Vorstellung, demokratisch legitimierte Regierungen oder internationale Institutionen wie die Uno, Internationaler Währungsfonds

Demokratie und Defizit: Zwingende Konsequenz?

oder Europäische Union würden sich bedingungslos für übergeordnete Interessen einsetzen oder sich auf ihren Auftrag fokussieren, ist für Hummler ein Denkfehler: »Es wird ausgeblendet oder als ketzerisch verfemt, dass sie mehrheitlich von Menschen geführt und betrieben werden, die weitestgehend partikulär ticken und die zur Wahrnehmung von Machtansprüchen missbraucht werden können« (Hummler 2014, S. 3). Andererseits ist gerade die Auseinandersetzung mit unterschiedlichen Interessen und Meinungen ein zentrales Element der Demokratie, das auch Entwicklungen ermöglicht, indem sich neue Ideen oder Erkenntnisse durchsetzen oder auf Entscheidungen auswirken. Immer wieder zeigt sich auch, dass ein Anliegen – beispielsweise das Frauenstimmrecht – erst nach mehreren Anläufen oder nach lang andauernden Auseinandersetzungen eine Mehrheit findet.

Die Ökonomie hat seit Rousseau erkannt, dass der Egoismus für das Gemeinwohl gar nicht schädlich zu sein braucht und damit die Wahrnehmung der eigenen Interessen durchaus der Gesellschaft dienlich sein kann. Der Egoismus ist überhaupt Voraussetzung dafür, dass sich Gemeinwohl finanzieren lässt: Erst wer für sich selber sorgen kann und darüber hinaus Erträge erwirtschaftet oder über freie Kapazität verfügt, kann etwas abgeben für andere, kann einen geldwerten oder persönlichen Beitrag an die Allgemeinheit und für das Gemeinwohl leisten. Nach dem Prinzip des *reziproken Altruismus* ist es möglich, dass daraus insgesamt ein grösserer Nutzen für alle Beteiligten resultiert. Voraussetzung ist allerdings, dass kein »Betrüger« einseitig profitiert oder dass dieser zumindest über Bestrafungsmechanismen ausgegrenzt werden kann. Auf die Dimension Makroorganismus Staat vergrössert heisst das: »Der Sozialstaat (…) kann nur einigen geben, was er anderen wegnimmt. Damit motiviert er alle, das Gesetz zu ihren Nutzen auszubeuten« (Model 2010). Systembedingt kommt immer weniger Geld bei den Beglückten an, als von den Finanzierenden eingenommen wird, weil der Mechanismus der Umverteilung Kosten verursacht.

Das Prinzip der Mehrheitsentscheidung birgt die Gefahr in sich, dass die Mehrheit wiederholt einem grossen Rest der Gruppe Vorschriften aufzwingt, Lasten auflädt oder Vermögen beansprucht: »Für viele Interessengruppen und Politiker ist aber gerade dieser Mechanismus etwas vom Reizvolleren an der Politik bzw. an kollektiven Entscheidungen« (Gygi 2013). Das von der Mehrheit als »gemeinsames Wohl« betrachtete Vorgehen kann zwar als demokratisch legitimiert gelten, wirkt sich aber zum Nachteil oder gar zur Schädigung einer grossen Minderheit aus. Pointiert formuliert: »In Demokratien bestechen (…) die Politiker die Bürger« (Model 2010). Wer einer Mehrheit materielle oder andere Segnungen verspricht, hat gute Chancen gewählt zu werden. Darum führt das

System der Mehrheitsentscheidungen tendenziell zu überhöhten Kosten bei staatlich organisierten Aufgaben (Buchanan und Tullock 1987, S. 169). Wer dafür aufkommt, ist irrelevant. Es muss einfach eine Minderheit sein oder es werden Schulden auf Kosten der noch nicht geborenen Generationen gemacht, die nicht stimmberechtigt ist. Es kann auch – wie in der griechischen Staatsschuldenkrise – jemand anderes für die Verschuldung verantwortlich erklärt werden: Vorzugsweise Personen, die am System gar nicht teilhaben. Das Ganze kulminiert aktuell im Schlachtruf: Wenn die Reichen Steuern zahlen würden, wären alle Staatschulden gar nicht vorhanden, nicht entstanden oder rückzahlbar.

Nicht nur die Meinungsbildung kann am Gemeinwohl vorbeizielen. Auch die einzelnen Stimmberechtigten sind nicht immer in der Lage, ihre eigenen Interessen wahrzunehmen. Sie verhalten sich nach Sarrazin wie Herdentiere, die gerne die Mehrheitsmeinung teilen, um »dazuzugehören« und nicht durch eine abweichende Meinung aus dem Rahmen zu fallen und dadurch aufzufallen: »Sie gehen in ihrer Verinnerlichung sogar häufig so weit, dass sie die angenommene Meinung für ihre eigene halten« (Sarrazin, S. 154). Albert Camus stellt fest, dass die Demokratie die Menschen von der Unterwürfigkeit unter einen Gott und dessen Gesetze befreit habe. Diese Abhängigkeit werde durch eine neue ersetzt: »Dann rennt man zum Parteibüro, wie man sich vor dem Altar niederwarf....

Teil II: Analyse

Die wahre Leidenschaft des 20. Jahrhunderts ist die Knechtschaft« (Camus 1958, S. 252).

Das Gemeinwohl ist in der Regel also kaum die Richtschnur für das demokratische Stimmverhalten des Souveräns. Allerdings zeigt sich auch, dass weder der Einzelne noch grössere, aber minoritäre Gruppen aufgrund des Mehrheitsentscheides ihre egoistischen Interessen in demokratischen Verfahren durchzusetzen vermögen. Wäre es sinnvoll, den individuellen Egoismus dadurch zu bekämpfen oder zu verändern, indem allen Menschen gleiche materielle Möglichkeiten eingeräumt werden? Stichworte: bedingungsloses Grundeinkommen, Umverteilung, Gerechtigkeit, Chancengleichheit. Zumindest für Männer sei das kein Trost, meint Rolf Dobelli: »Wir wollen, dass die anderen weniger haben. Das wird natürlich niemand zugeben: Die Politik der Umverteilung beruht auf einem fundamentalten Denkfehler« (Dobelli 2011, S. 61) und sie führt nachweislich zu einer Verlangsamung des Wirtschaftswachstums (Urs Rauber 2015).

4.2 Repräsentation und Stimmenkauf

In der indirekten oder repräsentativen Demokratie wird impliziert, dass die Parlamentarier als Repräsentanten die Interessen ihrer Wähler vertreten; eben diese repräsentieren, sie verkör-

Demokratie und Defizit: Zwingende Konsequenz?

pern, an deren Stelle treten, diskutieren, entscheiden und handeln. Mehrere hundert oder tausend Wähler entscheiden sich dafür, einem Repräsentanten ihre Stimme zu geben, weil er oder seine Partei vorgeben, dieser Wählergruppe im Parlament Gehör zu verschaffen und deren Interessen wahrzunehmen. Das ist die idealistische Ausgangslage der repräsentativ-indirekten Demokratie, die in den meisten demokratischen Staaten den vorherrschenden Typus darstellt. Von diesem Ideal ist es nur ein winziges Schrittchen zur Realität: Die Politiker, die als Repräsentanten gewählt werden wollen, versprechen ihrer Klientel weit mehr als diese dafür zu zahlen bereit wären, weil es auf Kosten anderer Teilgruppen der Bevölkerung geht: Die Klientelwirtschaft ist geboren.

Diese Behauptung lässt sich anhand zahlloser Belege und Sachverhalte dokumentieren. Selbst ein gestandener Schweizer Bundesrat, der die ganze politische Ochsentour hinter sich hat und als Mitglied der damals staatstragenden, freisinnigen Partei keine extremen Ansichten vertritt, sieht in Politikern eine Gefahr für die Demokratie, da sie »aus wahlpolitischen Gründen mehr versprechen, als Staat und Wirtschaft zu finanzieren vermögen« (Villiger 2014). Sie müssten ja nicht für die Kosten aufkommen, da sie diese ihren Nachfolgern und künftigen Generationen aufhalsen könnten. Die professionellen Wahlstrategen haben längst erkannt, dass es aufwendig ist, Bürger von Lösungen zu überzeugen und rationale Begründungen kaum Erfolg verspricht: »Wählerstimmen gewinnt man nicht durch Überzeugungsarbeit, sondern indem man Gefühle anspricht und Wahlgeschenke vergibt« (Stephan 2012).

Das System von Versprechungen für Wählerstimmen ist perfekt getarnt durch moralisch vorbildliche, wohltätigte Ziele, hinter denen sich nichts anderes als das Interesse der Politiker versteckt, ihre Macht zu erhalten: »Wir wählen weitgehend Unbekannte, die sich auf leicht änderbare Programme abstützen, die sich mit äußerst unbestimmten Versprechungen und einem Gemisch von Behauptungen und Lügen profilieren« (Nef, S. 13). Dem Bürger werden wohlfeile Absichten vorgegaukelt mit denen Tatsachen verschleiert werden. Durch soziale Taten werden die Politiker zu Herrschenden und Vormündern ihrer Bürger; »die demokratische Spielart der Tyrannis« (Hank 2012, P. 815).

Der Spiess wird umgekehrt: Die Repräsentanten dienen nicht den Interessen ihrer Wählerschaft, sondern verfolgen vorwiegend ihren eigenen Machterhalt. Vordergründig dienen sie zwar ihren Wählern, ohne aber für versprochene Leistungen bezahlen zu müssen. Das funktioniert nur, wenn das System von Einnahmen und Ausgaben so komplex ist, dass der Zusammenhang zwischen Aufwand

Demokratie und Defizit: Zwingende Konsequenz?

und Nutzen möglichst nicht mehr sichtbar ist. Die beiden Sphären bleiben mit Absicht strikt getrennt: »Alles kommt darauf an, dass die Bürger nicht spüren, wo und wie sie ihren Staat finanzieren« (Hank 2012, P. 3054). Die Idealform sind die indirekten, nicht ausgewiesenen Steuern wie beispielsweise bei Treibstoffen, nicht rentenbildende Prämien im Sozialversicherungsbereich oder bei der Mehrwertsteuer.

Möglicherweise ist dieses System der Klientelwirtschaft und des Stimmenkaufs die zentrale Ursache dafür, dass zurzeit die hochentwickelten demokratischen Staaten mit einer Schuldenkrise konfrontiert sind, die historisch neuartig ist. Es hat zu jeder Zeit Staatsbankrotte gegeben, aber diese sind in der Regel hauptsächlich durch Aufwendungen für Kriege oder deren Folgen verursacht worden. Die Tendenz, mit Schulden beziehungsweise von der Zukunft geliehenem Geld Stimmenkauf zu betreiben, ist als »gravierender Aspekt der Zukunftsschwäche« (Kielmansegg 2013, S. 271) zu betrachten. Das System der Entkoppelung von Einnahmen und Ausgaben wird dadurch auf die Spitze getrieben, dass ganze Einkommensklassen von jeglichen (direkten) Steuern verschont werden: »Sie werden dann erst recht neuen Ausgaben und Schulden zustimmen, weil sie wissen, dass sie nicht zur Kasse gerufen werden« (Borner 2013, S. 14). Es wäre interessant zu untersuchen, ob alle demokratischen Systeme aufgrund dieses Mechanismus' zwingend in die Schuldenfalle geraten und ob es spezifische Formen gibt, die besonders gefährdet sind. Gibt es überhaupt noch demokratische Staaten, die nicht vor einem Schuldenberg stehen und existentiell von diesem gefährdet sind?

Damit beginnt ein fataler Teufelskreis: »Der Bürger verschachert seine Stimme meistbietend gegen das Versprechen, ihm dies oder das zukommen zu lassen.« (Rietzschel 2014, S. 129). Es fehlt ein Mechanismus, der den Betrug und den Missbrauch des Systems sanktioniert. Der Umgang von Regierungen und Politik der europäischen Währungsunion mit den Maastricht-Kriterien ist ein Beleg dafür, dass Verträge nicht eingehalten werden und es dagegen keine Sanktion gibt. Das ist zentrale Ursache für die Staatsschuldenkrise in Europa. Die Versprechen der G8 zu Finanzhilfen für Afrika, die vollmundig und medienwirksam verkündet wurden, sind ebenso nie eingehalten worden (Annan et al. 2013, S. 286). Je grösser und mächtiger ein Staat oder eine internationale Organisation, desto unmöglicher wird es, den Zusammenhang zwischen Kosten und Nutzen herzustellen und desto unwahrscheinlicher ist, dass Fehlverhalten mit Sanktionen rechnen muss. Auf der Gemeindeebene in der Schweiz sind in der Regel für spezifische Projekte – nicht die ordentlichen Ausgaben – die Kosten überschaubar und deshalb bleibt die Verschuldung in vertretbarem Rahmen. Je komplexer und

Demokratie und Defizit: Zwingende Konsequenz?

unübersichtlicher – die Europäische Union ist ein Paradebeispiel – , desto einfacher ist es die Illusion zu erwecken, man könne mehr Geld ausgeben, als zuvor verdient wurde. Diese Vorstellung ist der »Systemfehler der Demokratie« (Hank 2012, P. 1317).

Der Teufelskreis von Stimmenkauf und Repräsentation fördert gefährliche Persönlichkeiten mit dem Talent »der Demagogie, der Täuschung, des Lügens, des Opportunismus, der Korruption und der Bestechung« (Hoppe 2003, S. 504). Wer Lügen und Betrügen moralisch nicht vertreten kann, kommt gar nicht mehr zum Erfolg und wird von der »classe politique« nicht ernst genommen: Der Zutritt wird verweigert. Politik entwickelt sich zu einem geschlossenen System, das von einer oligarchischen Minderheit betrieben wird. Kaum mehr als ein Prozent der Bevölkerung partizipiert via Parteimitgliedschaft aktiv gestaltend daran mit. Politiker leben über Mandate, Diäten, Honorare und Staatsaufträge von diesem System. Der Unterschied zur Korruption in afrikanischen Staaten: Nicht die Zugehörigkeit zu einem Stamm oder einer Familie ist von Bedeutung, sondern die Zugehörigkeit zu einer Partei: »In Demokratien bestechen nicht die Bürger die Beamten, sondern die Politiker die Bürger. Die Höhe der Staatsverschuldung ist der Korruptionsindex eines Landes« (Model 2010).

Teil II: Analyse

4.3 Vom Nachtwächter- zum Wohlfahrtsstaat

Was bewirkt eigentlich, dass sich die Staatstätigkeit laufend erweitert, sich auf neue Themen und Aufgaben ausdehnt und das Wachstum scheinbar unbeschränkt ist? Der vom Sozialisten Ferdinand Lassalle erfundene »Nachtwächterstaat«, der einzig Ruhe, Ordnung und das Eigentum seiner Bürger sichert, hat sich zum Wohlfahrtsstaat entwickelt: Er kümmert sich um alles und jedes mit Vorschriften, Subventionen und Kampagnen. Die Bürgerschaft erlebt das weder als Bevormundung noch als Einschränkung ihrer Freiheiten und beklagt auch nicht die ständig steigende Steuerbelastung.

Im Gegenteil, die Leistungen des »Nachtwächterstaates», die primären Aufgaben staatlicher Tätigkeit scheinen vernachlässigbar und sind nicht mehr sicher gestellt: Hooligans führen Öffentlichkeit, Polizei und Politik an der Nase herum und scheren sich um Zerstörungen und Millionenschäden. Die Partygesellschaft macht die Nacht zum Tag. Sie darf die Nachtruhe der Spiessbürger stören und die Strassen in Abfallhalden verwandeln. Die Strassenreinigung als »service publique« sorgt via Steuern für die Beseitigung. Die lange Friedenszeit in Europa hat bewirkt, dass im Fall eines Krieges wie in Jugoslawien, Syrien oder der Ukraine kaum mehr eine europäische Armee existiert, die ohne Hilfe der Vereinigten

Demokratie und Defizit: Zwingende Konsequenz?

Staaten zu militärischem Eingreifen in der Lage ist – ob das sinnvoll ist, ist eine andere Frage.

Die ursprüngliche Grundaufgabe des Staates, der Schutz der inneren Ordnung und der Schutz gegenüber äusseren Bedrohungen, wird nicht mehr wirklich wahrgenommen wird. Der einstige »Nachtwächterstaat« ist zum Wohlfahrtsstaat geworden, der für immer mehr öffentliche Aufgaben verantwortlich gemacht wird. Dabei hat eine fatale und fundamentale Umwertung zentraler Werte stattgefunden: Die Menschenrechte als Begrenzung staatlicher Gewalt wurden uminterpretiert zu einer Leistungspflicht des Staates. Anstelle der negativen Freiheitskonzeption, bei der sich der Staat vor gewaltsamen Eingriffen in die Freiheit des Einzelnen zu enthalten hat, wird die Freiheit als positiver Leistungsanspruch interpretiert: Jeder Bürger soll Anspruch auf staatliche Leistungen haben, die ihm die menschenrechtlichen Ansprüche sicherstellen. Der Staat wird zum »ultimativen Problemlöser, der erst noch als Geldwäscher das übelriechende Wirtschaftsgeld via Steuern in wohltuende Subventionen verwandelt« (Nef 2015).

Dabei wird verkannt und verdrängt, dass vor allem staatliche Gewalt die Gefahr in sich birgt, dass sie missbraucht wird und dass sie in diesem Fall gerade jene Menschenrechte verletzt, die sie zu schützen vorgibt. Die historische Lehre, dass nur eine perfekte staatliche Administration in der Lage ist, massenhaft Kriegsverbrechen, Staatsterror und Unheil zu organisieren, ist schon wieder vergessen. Die Formel von der »Banalität des Bösen« von Hannah Arendts scheint bereits wieder vergessen. Die Welt nimmt wieder Fahrt auf, um auf die nächste Katastrophe zuzusteuern. Dabei werden Hinweise weitsichtiger Denker ignoriert: »Dass der Staat allweise und allgerecht, auch stets nur das Allgemeinbeste will, und dass er die Macht hat, alle Übelstände wirksam zu bekämpfen, wird überhaupt nicht bezweifelt« (Mises und Leube 2014, S. 4).

In der Schweiz werden die Erfahrungen mit Romakindern, die ihren Eltern gewaltsam entrissen und »sesshaft« erzogen wurden, oder die Ausbeutung von Waisen- und Verdingkindern zurzeit aufgearbeitet und es wird über Entschädigungen gefeilscht. All das hindert politische Wirken nicht daran, laufend neue Vorschriften und Institutionen schaffen, die heute dafür sorgen sollen, dass wir nicht zu viel rauchen, nicht zu viel trinken, nicht zu viel Fett essen, nicht zu häufig keinen Sport treiben und nicht zu häufig überhaupt das Falsche machen. Der Staat und sein »service publique« wissen alles besser und wenn es dann später als das Falsche erkannt wird, feilscht man wieder um Entschädigungen. »Eine Bevormundung bleibt eine Bevormundung, auch wenn sie gut gemeint ist und nicht physisch zwingt, sondern nur „stubst"« (Horn 2013a, S. 172).

Demokratie und Defizit: Zwingende Konsequenz?

Diese Staatsgläubigkeit hat wohl damit zu tun, dass der Staat vermeintlich jedem Bürger gleiche Teilhabe garantieren kann. Die Gleichheit vor dem Gesetz ist zur Gleichheit vor dem Bankomaten verkommen: Jeder soll gleich viel haben. Es geht längst nicht mehr darum, dass er vor dem Gesetz und vor dem Richter gleiches Recht beanspruchen darf, unabhängig davon, ob er dem Adel entstammt, eine arme Kirchenmaus oder ein neureicher Plagiator ist. Die materielle und soziale Gleichheit ist das verführerische Versprechen des Wohlfahrtsstaates, denn die Marktwirtschaft leistet genau diese »Gerechtigkeit« nicht, weil sie die Kaufkraft und den Ertrag unterschiedlich verteilt (Horn 2013b, S. 69).

Interessanterweise kann man die Staatswirtschaft praktisch auch als Schuldenwirtschaft definieren, die Marktwirtschaft dagegen als Gewinnwirtschaft. Wer keinen Gewinn, sondern auf Dauer Verluste macht, verschwindet als Unternehmer und als Unternehmen früher oder später von der Bildfläche. Bei Staaten scheint das ökonomische Gesetz dagegen ausser Kraft gesetzt zu sein – dabei wird einfach verdrängt, dass Staaten Bankrott gehen können. Es geschieht etwas weniger häufig, da es nicht einmal 200 Staaten gibt – im Gegensatz zu Millionen von Unternehmen und Milliarden von natürlichen Personen, die Bankrott erleiden können.

Teil II: Analyse

Neuerdings gehen Staaten sogar dazu über, bankrotte Unternehmen zu retten – in der Schweiz im Fall der UBS – statt sie nach dem Gesetz des Konkursrechtes und dem Prinzip der »schöpferischen Zerstörung« nach Joseph Alois Schumpeter untergehen zu lassen. Aus Angst vor gravierenderen Folgen werden Strukturen erhalten, die für die Gegenwart nicht mehr tauglich sind. Der Konkurs der Swissair ist ein Gegenbeispiel: Viele der dazugehörigen Betriebe funktionieren heute unter neuen Besitzverhältnissen wieder rentabel – vor allem das Management blieb auf der Strecke, der Overhead, der das Unternehmen ins »Grounding« stürzen liess.

Im Wohlfahrtsstaat herrscht der Grundsatz, dass die Profiteure mit den Finanziers nicht identisch sind; die einen zahlen, die anderen profitieren: »Ein Gebot der Umverteilung im Dienste der Gerechtigkeit« (Hank 2012, S. P 892). Diese Mechanik funktioniert beispielsweise auch im innerschweizerischen Finanzausgleich zwischen den Kantonen. Da eine Mehrheit der Kantone von Geldern aus diesem System profitiert und eine Minderheit Zahlerkantone sind, besteht abstimmungstaktisch für die Zahler im Parlament mit einer Ständekammer gar keine Chance, dass sie eine Mehrheit erreichen, um das System zu verändern (Kappeler 2014b).

Genau gleich verhält es sich in Wohlfahrtsstaaten mit der Bevölkerung. Wenn eine Mehrheit der Haushalte und der Stimmberechtigten dank der gewählten Politiker und deren Politik in den Genuss von Staatsgeld kommt, ist das System nicht mehr veränderbar, da die Mehrheit sich diesen Genuss nicht mehr nehmen lassen wird: »Das bewirkt den Kipp-Effekt der Umverteilung, der demokratisch kaum mehr veränderbar ist« (Kappeler 2014b).

Die Parole der 68er vom »Marsch durch die Institutionen« hat impliziert, dass die linke Opposition den bürgerlichen Staat erobert, dann verändert und ihn neu gestaltet. Das Resultat ist eher, dass dieser Marsch mitten in den Institutionen stecken geblieben ist und diese nicht zerstört, sondern ausgebaut werden. Die vormalige Opposition ist auf den Geschmack gekommen, hat die Macht und den Staatsspeck entdeckt, sich vollgefressen und denkt nicht daran, Macht und Brotkorb abzugeben.

Die Macht wird erfolgreich verteidigt, indem das Schlagwort von der »sozialen Marktwirtschaft« dazu verwendet wird, die Klientel mit immer neuen Brosamen und Subventionen bei Laune zu halten. Das Prinzip dieses fatalen Kreislaufes hat Peter F. Drucker schon vor dem 2. Weltkrieg analysiert: »Sie sind wie Drogenabhängige, die immer grössere Mengen des Giftes zu sich nehmen müssen, obwohl sie wissen, dass es ein Gift ist, jedoch ausserstande sind, es aufzugeben, weil sie vergessen und die Glückseligkeit der Träume finden wollen« (Drucker 2010, S. 203).

Wenn die Steuerdrogenabhängigen den Ausstieg nicht schaffen, werden sie in der Gosse des Staatsbankrottes enden. Das Gelddrucken im Rahmen der Staatsschuldenkrise in Europa ist vermutlich die ultimative Drogenparty. Wer sie überlebt, wird mit mehr als einem fürchterlichen Kater konfrontiert sein, weil ein fundamentales Prinzip nicht berücksichtigt wird: »Für den Staat ist das Unterlassen wichtiger als das Unternehmen« (Nef 2015).

4.4 Im Teufelskreis der Umverteilung

Der Wohlfahrtsstaat basiert grundlegend darauf, dass die Menschenrechte wie etwa das Recht auf Arbeit so interpretiert werden, dass sie einen Anspruch des Einzelnen gegenüber dem Staat begründen. Sie gehen mit anderen Worten von einer positiven Wirkung, einem Rechtsanspruch aus, obwohl kein Staat dieser Welt bisher auf Dauer in der Lage war, diesen verständlichen Wunsch zu erfüllen. Wieso soll der Staat als Gesamtheit von Personen in seinem Staatsgebiet besser in der Lage sein, für die gleiche Gesamtheit von Personen zu sorgen, als dieser Personen selber? Woher kann er mehr Ressourcen generieren als seine Bürger? Wie kann die Gesamtheit von Menschen besser für sich sorgen, als diese Menschen jeder für sich selber?

Wenn einer nicht für sich selbst sorgen kann und zusätzliches Einkommen erzielt, wie kann er dann für andere, für die Allgemeinheit, den Staat aufkommen? Friedrich A. von Hayek bezeichnet in seinem Werk »Weg zur Knechtschaft« diese Vorstellung als »wissenschaftlichen Irrtum« mit dem der Begriff der Freiheit korrumpiert werde: »Nicht mehr die Abwesenheit von Despotie und Gewalt wird als Freiheit verstanden, sondern die Freiheit von der Not, die Befreiung aus dem Zwang sich über die Runden zu bringen« (Horn 2013a, S. 91).

Immer grössere Bevölkerungsteile werden mit dieser manipulativen Vorstellung korrumpiert, man könne ohne eigene Anstrengung sein Leben bestreiten. Es wächst laufend jene Mehrheit, die auf Kosten einer zahlenden Minderheit lebt. Mehrheitsdemokratien scheinen unfähig zu sein, um mit Geld umzugehen (Hank 2012, P. 17). In vielen Fällen sorgt die Ausstandspflicht bei eigenen Interessen wenigstens in Parlamenten dafür, dass dieses Selbstbedienungsprinzip nicht völlig schamlos ausgenützt wird. Allerdings sind davon die eigenen Entschädigungen meistens ausgenommen, denn bei den entsprechenden Diäten müssten ja alle in den Ausstand treten. Schon 1863 hat Adolph Wagner das Gesetz von den ständig steigenden Staatsaufgaben und Staatsausgaben formuliert, das bis heute der empirischen Widerlegung harrt (Nef).

Deshalb steigen die Entlohnungen aller Parlamente laufend – auch jener, die für Aktiengesellschaften Regeln der Corporate Governan-

Teil II: Analyse

ce beschliessen, bei denen die Generalversammlung die obersten Entschädigungen von Verwaltungsrat und Geschäftsleitung genehmigen muss. Was wäre, wenn im politischen Bereich das Gleiche gefordert würde? Man stelle sich vor, der Souverän, das Volk, würde darüber befinden, wieviel die gewählten Politiker verdienen oder ob ihnen eine Erhöhung ihrer Entschädigung zugestanden werden solle. Aufgrund der Umfrageresultate über Image und Vertrauen in die Politiker, könnten diese bei derartigen Abstimmungen schmerzhafte Erfahrungen machen. Darum finden solche Abstimmungen in der Regel gar nicht statt oder sie führen wie im Fall der Schweizer Stadt Frauenfeld nur zu marginalen Anpassungen (BDS Frauenfeld).

Auf der Ebene Volk/Souverän gibt es eine dem Ausstandsprinzip vergleichbare Regelung nicht. Mit Ausnahme der in Kapitel 3 dargestellten Beschränkungen des Wahlrechtes gibt es kaum einen Ausschluss von Bevölkerungsteilen, die praktisch oder vorwiegend von staatlichen Leistungen lebt. Entsprechende Forderungen dürften postwendend mit dem Etikett »Diskriminierung« versehen werden. Was in jedem Verein – meist ohne explizite Regelung – eine Selbstverständlichkeit ist, dass bei persönlichen und insbesondere finanziellen Interessen eine Person in den Ausstand gehen muss und nicht mitentscheiden darf, gilt für Begünstigte oder Betroffene bei staatlichen Abstimmungen nicht: »Reformen der überschuldeten

Demokratie und Defizit: Zwingende Konsequenz?

Staaten sind daher (...) praktisch unmöglich geworden« (Kappeler 2014a).

Wenn nämlich wie in der Altersversicherung oder im Gesundheitsbereich besonders viele Stimmberechtigte von einer Reform betroffen wären, wirkt das wie eine fast unüberwindbare Hürde: »Je mehr Stimmbürger von einer Reform betroffen sind, desto schwieriger ist es, Mehrheiten für sie zu finden« (Michael Hermann 2015). Das ist auch eine Folge des Systems, das den Zusammenhang zwischen Leistungen an den Staat und Leistungen an die Bürger völlig verschleiert. Aber nicht nur der Einzelne wird durch dieses Umverteilungssystem korrumpiert. Selbst die private Wirtschaft gerät immer mehr in die Abhängigkeit von staatlichen Aufträgen: »Mit dem fetten, übermächtigen Staat will sich niemand mehr anlegen« (Köppel 2015). Ein Beispiel dafür ist in der Schweiz ein staatskritischer Nationalrat, dessen Unternehmen praktisch ausschliesslich von staatlichen Aufträgen für Schienenfahrzeuge lebt.

Das Schlagwort »Gerechtigkeit« und die ominöse »Gerechtigkeitslücke« haben aus der Idee des Staatswesens als fundamentaler Ordnung des Zusammenlebens für ein mehr oder weniger friedliches und geordnetes Zusammenleben unterschiedlichster Menschen, ein Totalunternehmen geschaffen. Es soll total bis totalitär dafür sorgen, dass jedem Bürger möglichst gleich viel materieller Wohlstand zur Verfügung steht: »Längst stellt niemand mehr infrage, dass der Staat alles und jedes finanziell unterstützt« (Hank 2012, P. 2862).

Gemäss Hank erstickt diese Entwicklung die Freiheit des Einzelnen, entmündige ihn und stelle ihn vor die Frage, ob er überhaupt etwas leisten oder sich lieber direkt ins Auffangnetz des Sozialstaates legen soll: »In Mehrheitsdemokratien hat eine wachsende Zahl der Transferempfänger es in der Hand, sich auf Kosten der Leitungseliten zu bereichern« (Hank 2012, P. 4626). Das führt dazu, dass die Staatsquote, der Anteil der Staatsausgaben im Verhältnis zur gesamten Wirtschaftsleistung unaufhaltsam wächst. In der Schweiz hat er sich innert zwanzig Jahren verdoppelt (Bressar 2014).

Höhepunkt dieser Entwicklung ist die Forderung nach einem Grundeinkommen für alle. Analoges lässt sich für den Ministerrat der Europäischen Union feststellen: Die Nehmerländer überstimmen per Mehrheit die Geberländer (Hank 2012, P. 4626). All diese »Anspruchsberechtigten« haben ein Interesse daran, dieses System möglichst zu stabilisieren oder sogar noch auszubauen: »Sie bilden ein politisch ziemlich verlässliches, wenn gleich anzahlmässig doch als oligarchisch zu bezeichnendes Netzwerk« (Hummler 2014, S. 5–6). Mit der Zeit ist die Zahl der Transferempfänger grösser als jene, die dafür bezahlen. Dann droht ein »Demokratieversagen« (Fischer

Demokratie und Defizit: Zwingende Konsequenz?

2011), weil weder Ausgabensenkungen noch Steuererhöhungen eine politische Mehrheit finden. Das alles geschieht im Namen der Solidarität. Mit diesem Begriff wird jede Umverteilung und Unterstützung begründet und findet Zustimmung bei einer Mehrheit: »'Solidarität' ist eine politische Waffe, die Aktivitäten einer kritischen Prüfung entzieht... sie macht den Fürsorgestaat zur Dauerinstitution« (Hank 2012, P. 360).

Kaum ein Mensch denkt dabei daran, dass der Begriff Solidarität aus dem römischen Recht stammt: Es ist die solidarische Haftung jedes einzelnen Schuldners für die Gesamtschuld einer Gemeinschaft. Genau das passiert durch die Solidaritätsappelle und deren politischen Folgen: Der Staat, die Gemeinschaft kommt für immer mehr persönliche und private Anliegen oder Bedürfnisse auf und haftet dafür – jeder Bürger ist Solidarbürge; die Verwandtschaft des Wortstammes »Bürge« ist nicht zufällig. Die Rechnung dafür wird irgendwann jedem präsentiert. Es wird vorläufig aber die Illusion geschürt, der Wohlfahrtsstaat könne mehr Geld verteilen, als er einnimmt; die Illusion funktioniert tatsächlich, weil die Staaten dazu übergegangen sind, die nicht einhaltbaren Versprechen durch versteckte oder offene Verschuldung zu finanzieren: »So wie ich den Wohlfahrtsstaat betrachte, ist er eine Art Betrug.« (Bonner 2011, S. 41) oder ein Potemkin'sches Dorf (Hank 2012, P. 3648).

Teil II: Analyse

Wie ist es möglich, dass eine Mehrheit die Einsicht in dieses System verweigert, das auf Dauer nicht funktionieren kann? Der Historiker Walter Laqueur sieht die Ursache im Hedonismus und materiellen Wohlstand. Sie machen keine Lust darauf Konflikte auszutragen und übertönen sämtliche Warnsignale: »Der verstörenden, auch kränkenden Einsicht in ihre selbstverschuldete politische Entmündigung wollen sich die Menschen nicht mehr aussetzen« (Rietzschel 2014, S. 125–126). Joseph Alois Schumpeter meint, der Staat schüre immer mehr Erwartungen, die er immer weniger finanzieren könne, wofür aber die Allgemeinheit oder eben wir alle verantwortlich seien: »Die Unfähigkeit zur kollektiven Selbstregierung liegt in der Natur des Menschen und den Umständen« (Voigt 2010, S. 373–374). Thomas Rietzschel spricht zumindest von einer Mitschuld jedes einzelnen an der »Verwahrlosung der demokratischen Kultur« (Rietzschel 2014). Im globalen Kontext weist Kofi A. Annan darauf hin, dass Hilfeleistungen nicht geeignet sind, um Entwicklungsziele zu erreichen, sondern dass dies dort besser gelingt, wo Länder Wirtschaftsreformen unternommen haben: Anreize statt Subventionen heisst sein Rezept (Annan et al. 2013, S. 288). Der Zusammenhang zwischen Egoismus, Stimmenkauf, Wohlfahrtsstaat, Umverteilung und kollektiver Verantwortungslosigkeit wäre ein interessantes Feld für eine politologische, ökonomische und rechtswissenschaftliche Untersuchung.

4.5 Wer am Ende die Rechnung bezahlt

Es ist es nach einigen Jahrzehnten von Frieden und Wohlstand seit dem letzten Weltkrieg nahezu unvorstellbar geworden, dass ein Staat Bankrott geht. Statistisch ist es im Vergleich zum Bankrott von Privatleuten oder dem Konkurs von Firmen auch relativ unwahrscheinlich, dass ein ganzes Staatswesen Pleite geht. Nach der Statistik auf Wikipedia gab es in den letzten 200 Jahren aber mindestens eine Pleite pro Jahr. Chile führt mit 8 Bankrotten die Spitze an und auf Podestplätzen glänzen auch die anderen südamerikanischen Staaten Brasilien und Argentinien.

Die Unwahrscheinlichkeit eines Staatsbankrottes ist statistisch gesehen aber keine Garantie dafür, dass dieser Fall nicht eintritt. Und wenn er denn eintritt, sind die Katastrophe und die Folgen auch um Potenzen grösser als beim Untergang eines Unternehmens, das vielleicht einige Zehntausende von Personen verteilt auf mehrere Standorte betrifft. Wenn ein Staatswesen Bankrott geht, dann sind davon Millionen betroffen und das zum gleichen Zeitpunkt und innerhalb des gleichen Territoriums. Dann ist es nur noch ein kleiner Schritt, bis schlimmstenfalls derjenige mit Gewalt bedroht wird, den man als Schuldigen definiert. Dass dafür die Solidarbürger selbst verantwortlich sein könnten, ist eine undenkbare Zumutung.

Teil II: Analyse

Historische Erfahrungen beweisen, dass Mächtige auf Kosten der Allgemeinheit gelebt haben. Als Philipp II. von Spanien im 16. Jahrhundert seine Schulden nicht mehr bezahlen konnten, trieb das die Bankhäuser der Fugger und Welser in den Ruin. Darunter hatten deren Familien, deren Beschäftigte und das ganze Umfeld zu leiden (Acemoglu und Robinson 2013, S. P 3822). Heute ist das System der Finanzierung von Staatsanleihen komplexer, die Möglichkeit Schulden zu vertuschen vielfältiger und die Gefahr versteckter Schulden aufgrund von Rentenversprechungen grösser: »Es gaukelt den Bürgern die Illusion ständig wachsender Wohltaten vor und delegiert (...) die Kosten an künftige Generationen« (Hank 2012, P. 3503). Nicht geändert hat sich am ganzen System die banale Mechanik, dass ein Gläubiger leer ausgeht, wenn der Schuldner nicht mehr zahlen kann. Auch ein Staat kann auf Dauer nicht über seinen Verhältnissen leben.

Hier lohnt es sich, den Begriff Gläubiger in seinem Wortsinn auf der Zunge zergehen zu lassen: es sind Gläubige, die beispielsweise dem Staat via Staatsanleihen Geld geben. Sie glauben daran, dass er ihnen das Geld und Zinsen zurückzahlt – dann nämlich, wenn das Darlehen ausläuft. Staatsanleihen gelten als mündelsicher, als »feste Bank«, als sicherer Wert, weshalb die Banken diese Anliehen nicht einmal mit Eigenkapital absichern müssen. Rainer Hank weist auf einen zweiten Begriff hin, über dessen doppelsinnige Bedeutung es sich

Demokratie und Defizit: Zwingende Konsequenz?

nachzudenken lohnt: Kredit kommt von »credere«, das dem italienisch-venezianischen Bankwesen entstammt und »glauben« bedeutet. Es sind die Gläubiger, die glauben, ihr Schuldner werde dereinst zahlen und die enttäuscht werden. Aber sind es nur die Schuldner, die schuldig sind? Hat der Gläubiger keine Verantwortung dafür, wem er Geld leiht?

In der griechischen Eurokrise (Stand des Manuskriptes im Juli 2015) haben die Mächtigen der europäischen Politik und Staatsbankenwelt das total überschuldete Griechenland willfährig mit neuem Geld bedient. Faktisch haben sie aber die Guthaben an griechischen Staatspapieren von privaten, nicht-griechischen Banken übernommen, weil diese sonst Pleite gegangen wären. Und damit wäre auch ihr eigenes politisches Überleben gefährdet worden. Die europäischen Spitzenpolitiker turnen während vieler Verhandlungsnächte auf dem Hochseil der Verführungskunst vor den Augen der Bevölkerung in ihrer abgeschotteten Zirkuswelt herum. Bis dass sie eines Tages zum Schrecken der Zuschauenden ins Nichts stürzen. Keiner will zuvor daran gedacht haben, dass diese Hochseilartisten eines Tages zu Tode stürzen. Statistisch gesehen ist dieser freie Fall aber selten der Fall.

Nun ist es leider nicht so, dass wir das Zirkuszelt der Politartisten nur mit einem Schock und einigen Blutspritzern verlassen. In

Teil II: Analyse

der Eurokrise hat der griechische Teil von Zypern vordemonstriert, wie schnell und willfährig ein ganzes Bankensystem seinen Gläubigern verweigert, Verträge einzuhalten und Cash herauszurücken. Ein paar Tage ohne funktionierende Geldautomaten genügten, um ein ganzes Land innert kürzester Zeit in ein Notstandsgebiet zu verwandeln. Die Vorstellung, das könne nur auf einer fast schon exotischen Mittelmeerinsel passieren, ist leicht verständlich: Damit lässt sich verdrängen, dass ein analoger Zusammenbruch auch in unseren Breitengraden Realität werden könnte. Die Wahrscheinlichkeit eines derartigen Zusammenbruchs ist ausserordentlich klein. Umgekehrt proportional sind aber die damit verbundenen Folgen: monströs.

Die politischen Verhandlungs- und Verwandlungskünstler scheuen keinen Aufwand, um mit ihren Zaubertricks das Publikum vom Geschehen abzulenken. Es werden so harmlose Begriff wie ein Haarschnitt beim Coiffeur eingestreut, der ein paar Dutzend Euros kostet. Der Begriff »Haircut« in der Staatsschuldenwirtschaft bedeutet aber, als dass den Bürgern Geldguthaben im Wert von Milliarden von Euros entzogen werden. Geld, das die Griechen nicht mehr an die andern kreditgebenden Staaten in Europa zurückzahlen: Verluste ihrer Pensionskassen, die darauf vertraut haben oder staatlich gezwungen wurden, sogenannt mündelsicherer Staatspapiere zu kaufen.

Demokratie und Defizit: Zwingende Konsequenz?

Traditionell funktionierte die Lösung von Staatspleiten durch die Entwertung der eigenen Währung (Horn 2013a, S. 143). Ihr Wert löst sich wie Zucker in Wasser auf. Kriegen Sie für einen Euro ein Pfund Brot, zahlen sie einige Zeit später für das gleiche Brot zehn, Hundert oder Tausend Euro – oder nach dem ersten Weltkrieg mit Millionen von Mark. Nun ist Abwertung in der Verbundwährung Euro nicht mehr möglich, weil nur einzelne Gebiete schlecht wirtschaften und mit dem Euro keine gemeinsame volkswirtschaftliche Politik verbunden ist. Jede Staatspleite hat über den betroffenen Staat hinaus Wirkungen. Sie verbreiten sich in der heutigen vernetzten Welt wie ein Tsunami, vernichten Wohlstand und lösen emotionale Gegenreaktionen aus, die direkt in Krieg und Zerstörung führen können.

Die Zeche zahlen am Ende die Bürger: wir alle. Und auch hier wieder fällt die Doppeldeutigkeit auf: der Bürger bürgt. Wenn die Worte nur häufiger für bare Münze genommen würden! Die Bürgenden werden aus dem Traum vom angenehmen, risikolosen, erfüllten und bequemen Leben ohne grossen eigenen Aufwand brutal erwachen und mit einer schonungslosen Wahrheit konfrontiert: »Am Ende sind es in einer Demokratie die wahlberechtigten Bürger, die der überbordenden staatlichen Schuldenwirtschaft nicht nur zusehen, sondern von dieser auch direkt profitieren« (Spillmann, S. 23). Deshalb heisst es im Fall des Staatsbankrottes dann auch: mitgegangen, mitgehangen.

Nach Karen Horn zahlen die Bürger für die Illusion, dass der Wohlfahrtsstaat sie von jeder wirtschaftlichen Sorge oder Not befreien kann. Als Preis wird ihnen jede freie Wahl genommen und das endet im Totalitarismus (Horn 2013a, S. 92). Albert Camus hat schon 1951, fast 40 Jahre vor dem Zusammenbruch des sozialistischen Ostblocks, auf den Widerspruch zwischen der kommunistischem Unterdrückungsapparat, Sozialisierung (Verstaatlichung) der Produktionsmittel und dem Versprechen einer klassenlosen Gesellschaft hingewiesen: »Entweder hat dieses Regime die klassenlose sozialistische Gesellschaft verwirklicht, dann rechtfertigt sich die Beibehaltung eines ungeheuren Unterdrückungsapparates nach marxistischen Begriffen nicht, oder es hat sie nicht verwirklicht, und dann ist der Beweis erbracht, dass die marxistische Doktrin irrig und insbesondere die Sozialisierung der Produktionsmittel nicht gleichbedeutend mit dem Verschwinden der Klassen ist« (Camus 1958, S. 248).

Der Autor hat für diese weitsichtige Erkenntnis den Preis der Verachtung und Geringschätzung durch seine »Freunde« und Salonkommunisten Sartre & Co. bezahlt. Heute ist aufgrund der Erfahrung mit dem Zusammenbruch der sozialistischen Systeme seine

Demokratie und Defizit: Zwingende Konsequenz?

luzide Einschätzung als weitsichtige Analyse zu bewerten. Dafür gebührt die ihm post mortem Anerkennung für seine Erkenntnis – verbunden mit der Feststellung, dass Aussenseiter und Querdenker nötig sind und Beachtung verdienen, weil sie Denkanstösse vermitteln, wenn diese denn beachtet, diskutiert und ernst genommen würden, statt dass sie von der herrschenden Meinung ausgegrenzt werden.

Viel gravierender als Camus traf das Schicksal die Bevölkerung der damaligen Sowjetunion, das man zynisch auch als wissenschaftliches Experiment beschreiben kann: »Die Sowjetunion führte einen kontrollierten Test durch. Sie gab Billionen von Dollars aus, Millionen von Leben wurden zerstört. Sie probierte über 70 Jahre aus, ob Planwirtschaft funktioniert« (Bonner 2011, S. 39). Nach dem »Bankrott« des planwirtschaftlichen Systems im Osten macht sich im Westen eine vergleichbare Sehnsucht nach »Väterchen Staat« breit, der seinen Bürgern alle Sorgen abnimmt.

Die Staats- oder Schuldenwirtschaft nimmt einen immer grösseren Anteil der volkswirtschaftlichen Leistung ein, die Markt- und Gewinnwirtschaft schrumpft. In vielen westlichen Staaten nähert sich die BIP-Anteil 50 Prozent oder liegt schon über dieser Marke. Sie bedeutet, dass die Hälfte der Bevölkerung oder mehr von Steuergeldern anderer abhängig ist. Sie hält man am besten bei Laune, wenn man ihnen das Heil auf Kosten anderer verspricht: »Es kann sich durchaus auszahlen, dem Publikum eine Massnahme vorzuschlagen, die Minderheiten unverblümt ausbeutet« (Horn 2013b, S. 69). Das Resultat ist die Feststellung, es gäbe gar keine Schuldenprobleme, wenn nur die Reichen ihre Steuern zahlen statt hinterziehen täten. Die derart diskriminierte Minderheit der »Reichen« kommt heute für den Grossteil der Staatskosten auf, selbst wenn sie die Steuerdeklaration nicht korrekt ausfüllt.

Teil III:
Alternative

5

Gewichtetes Stimmrecht, Steuerstimmrecht oder Proportionalstimmrecht

> Sometimes all it takes is a tiny shift of perspective to see something familiar in a totally new light.
> **(Robert Salomon/Dan Brown)**

Wir haben bis hierher dargestellt, welche historischen Wurzeln demokratische Entscheidungsprozesse haben, die direkte und die repräsentative Demokratie als zentrale Formen behandelt, sind der Frage nachgegangen, welche der beiden erfolgreicher ist und wie überhaupt festgelegt wird, wer zum »demos« gehört. Im letzten Kapitel ist die Entwicklung der Demokratien zu Systemen

Teil III:Alternative

dargestellt worden, die in die Defizitwirtschaft abgleiten. Die Analyse deutet darauf hin, dass dies eine systemimmanente Folge des Mehrheitsprinzips sein dürfte. Darauf weisen Studien und Analysen hin, die aus ganz unterschiedlichen Fachrichtungen und Disziplinen zusammengetragen wurden. Das Mehrheitsprinzip als häufigste Basis demokratischer Entscheidungen wird dabei massiv kritisiert.

Generell scheinen sich Gesellschaft und Wissenschaft darin einig, dass Demokratie eigentlich eine untaugliche Form der Selbstorganisation darstellt, dass sie aber immer noch das beste aller bekannten Systeme darstellt, sofern die Erkenntnis von Arrow nicht als Plädoyer für die Diktatur interpretiert wird. Merkwürdigerweise gibt es bisher kaum strukturelle Ansätze oder Vorschläge, wie denn die am wenigsten untaugliche Organisationsform Demokratie verbessert werden könnte, um die aufgezeigten Probleme zu lösen und insbesondere die Tendenz zur Überschuldung zu beheben. Darum sei hier der Versuch unternommen, das System in seinem Wesenskern zu belassen, aber durch einen fundamental veränderten Ansatz zu verbessern – in der Hoffnung, dass dies inspirierend wirke, wie das die Romanfigur Robert Salomon formuliert: »Sometimes all it takes is a tiny shift of perspective to see something familiar in a totally new light« (Brown 2009, P. 469).

Gewichtetes Stimmrecht, Steuerstimmrecht oder Proportionalstimmrecht

Die Idee basiert auf der Überlegung, dass im heutigen System der Demokratie kein Zusammenhang besteht zwischen der Leistung, die ein Bürger für die Allgemeinheit erbringt, und seinem Recht, über die Verwendung dieser Mittel zu befinden: Wer viel leistet, insbesondere viel Steuern zahlt, oder sich ehrenamtlich für die Allgemeinheit einsetzt, hat das gleiche Stimmrecht mit dem Gewicht 1 (= eine Stimme) wie jener, der gar nichts oder kaum etwas zum Gemeinwesen beiträgt oder beitragen kann. Damit ist kein Urteil über die unterschiedlichen Personen und ihre Fähigkeiten gesprochen, was sie zur Erfüllung des Staatszweckes leisten. Die Idee lässt sich als gewichtetes Stimmrecht (Stimmrecht proportional zum Beitrag an den Staat – in welcher Form auch immer), als Steuerstimmrecht (Steuerbeitrag der Person bestimmt das Stimmrecht) oder Proportionalstimmrecht (Stimmrecht proportional zum Beitrag an das Gemeinwesen) bezeichnen.

5.1 Gleich und ungleich

Was gleich und was ungleich ist, diese Frage ist immer auch eine Frage der Perspektive, des Standpunktes und in vielen Fällen auch der Ideologie. Wenn jeder Stimmbürger im demokratischen Verfahren eine Stimme hat - »one man, one vote« - dann scheint es so, dass sie alle gleich behandelt werden. Ist das auch der Fall, wenn der eine als Soldat für den Staat sein Leben hingeben müsste, der

Teil III:Alternative

andere aber als Sozialhilfefall nicht in der Lage ist, für die Allgemeinheit etwas zu leisten, sondern von ihr im Gegenteil abhängig ist? Selbstverständlich trägt in der Regel keiner der beiden Schuld oder Verantwortung dafür, dass er kriegstauglich oder hilfsbedürftig ist. Soll aber jemand, der nicht kriegstauglich ist, darüber entscheiden dürfen, ob andere zu seiner Sicherheit in den Krieg ziehen und dabei ihr Leben für ihn riskieren? Die Frage ist also, ob es fair ist, dass dem Invaliden und dem Soldaten der gleiche Einfluss auf diese demokratischen Entscheidungen zukommt. Etwas weniger drastisch zeigt sich die Situation, wenn ein Steuerzahler jährlich eine Million an gemeinsame Lasten beiträgt, der andere aber nur 1000. Im heutigen Demokratieverständnis kommt beiden das gleiche Stimmrecht zu, wenn es um die Verwendung dieser Mittel geht. Die so verstandene Gleichheit führt dazu, dass zwei Steuerzahler 2000 zahlen und gemeinsam jenen überstimmen können, der eine Million beiträgt.

Ein gewichtetes Stimmrecht spricht dem Hilfsbedürftigen nicht ab, dass er demokratisch mitentscheiden kann. Es fällt auch kein Urteil über seine Fähigkeit, seinen Charakter und seinen Wert als Mensch. Das gewichtete Stimmrecht verknüpft den Beitrag an die Allgemeinheit mit dem Einfluss des Leistenden auf die demokratische Entscheidungsfindung. Das Dogma »eine Person, eine Stimme« wird in Frage gestellt, weil die damit verbundene Entkoppelung von Leis-

Gewichtetes Stimmrecht, Steuerstimmrecht oder Proportionalstimmrecht

tung und Einfluss einen der Faktoren für die Verschuldungsprobleme demokratischer Staaten darstellt. Der Vorschlag eines gewichteten Stimmrechts darf darauf zählen, dass er auf apodiktische Ablehnung stösst, fundamentale Opposition und unreflektierte Reaktionen hervorruft, weil das verbreitete Verständnis des aufklärerischen Begriffs »Gleichheit« in Frage gestellt wird. Ein Mythos wird in Frage gestellt.

Längst wird darunter nämlich nicht mehr verstanden, dass jeder Mensch vor dem Gesetz gleich sei – unabhängig vom Stand, Herkunft, Hautfarbe und Geschlecht, also unabhängig davon, ob er Akademiker, Handwerker oder Privatier sei. Das war ein Fortschritt in der gesellschaftlichen Entwicklung, auch wenn er bis heute noch nicht vollkommen verwirklich worden ist. Gleichheit wird im Zeitalter, in dem angeblich keine Werte mehr existieren (ausser Geldwerte, mit denen alles und jedes verglichen werden kann), immer mehr so verstanden, dass jedem ein gleiches Einkommen und Vermögen zustehe. Gleichheit ist nicht mehr ein Rechtsfrage, sondern eine der materiellen Güter, auch wenn das aus liberaler Sicht sich ausschliessende Gegensätze sind: »Gleichheit vor dem Gesetz und materielle Gleichheit schliessen einander aus« (Horn 2013a, S. 110). Das Grundprinzip der Gleichheit vor dem Gesetz wird durch Forderungen bedroht, die eine »égalité de fait statt der égalité de droit« (Hayek, Friedrich A. von 1983, S. 249) postulieren.

Teil III: Alternative

Die materielle Gleichheit der Menschen ist weder wünschbar, noch historisch gewollt: »Unter Gleichheit muss man sich nicht eine völlig gleiche Verteilung des Reichtums und der Macht vorstellen.« (Rousseau 1946, S. 63). Es gehe nur darum, dass kein Staatsbürger die Macht monopolisieren könne oder dass diese nicht gemäss Gesetzen ausgeübt werde. Der Gleichheitsbegriff geht mittlerweile weit über die Forderung nach materieller Gleichheit hinaus und wird für alle Lebensbereiche herangezogen. Quoten für Frauen in Führungspositionen, das Recht auf öffentlich finanzierte Geschlechtsumwandlungen bis hin zur Forderung auf Leihmütter für homosexuelle Männer, damit die auch eigenen Nachwuchs bekommen und grossziehen können. Je weniger sich dafür Begründungen finden, umso lauter wird gefordert: »Der Furor des medialen Gleichheitswahns ist umso grösser, je weniger er sich mit konkreten Inhalten füllen lässt« (Sarrazin, S. 256). Mit dieser Problematik kämpft auch das Prinzip »one man, one vote«: Angesichts der Unterschiede der Beiträge der Bürger an den Staat, fällt es immer schwerer, die »Gleichheit« beim Stimmrecht zu begründen.

Die Gleichheit vor dem Gesetz sollte ursprünglich sicherstellen, dass jeder einzelne möglichst viel Freiheit dazu hat, sein eigenes Schicksal und Glück zu verfolgen. In der amerikanischen Unabhängigkeitserklärung vom 4. Juli 1776 zählt zu den unveräusserlichen Rechten das Leben, die Freiheit und das »pursuit of happiness« –

Gewichtetes Stimmrecht, Steuerstimmrecht oder Proportionalstimmrecht

das Streben nach Glück. Das Leben in Freiheit führt aber geradezu zwingend zu Ungleichheit der Menschen, denn diese haben nicht die gleichen Anlagen, Fähigkeiten und Ziele. Es sind Individuen mit je eigener Persönlichkeit. Wer das leugnet oder nicht wahrhaben will, landet im menschenfeindlichen Zwangsapparat: »Wo man aber Gleichheit haben will, muss die Freiheit sterben« (Sarrazin, S. 200). Merkwürdigerweise sehnt sich aber eine grosse Mehrheit gar nicht nach vollkommener Freiheit, weil sie die damit verbundene Konsequenz scheut: »Freiheit bürdet uns Verantwortung auf« (Fischer 2005, S. 133).

Eine Gleichheit ohne materielle Begründung postuliert auch das Prinzip »one man, one vote«. Es entkoppelt die Kosten staatlicher Aufwendungen und den Ertrag an individuell erhaltenen Leistungen vollständig. Zwischen Leistung und Stimmkraft besteht mit diesem Prinzip überhaupt kein Zusammenhang mehr. Gleichzeitig wachsen Aufwand und Umfang staatlicher Aufgaben ständig, was systembedingt ist, denn Mehrheitsentscheidungen tendieren zu einer Überinvestition der öffentlichen Hand (Buchanan und Tullock 1987, S. 169). Die öffentlichen Ausgaben machen in vielen Ländern mehr als die Hälfte der wirtschaftlichen Leistungsfähigkeit aus, sodass ein immer grösserer Anteil Staatswirtschaft dem marktwirtschaftlichen gegenübersteht. Letztere aber sorgt dafür, dass überhaupt Steuern bezahlt werden können, um den Staat zu finanzieren.

Teil III:Alternative

Ohne freien Wettbewerb aber fehlt ein Element, die als »inklusive Wirtschaftsinstitutionen« für nachhaltigen wirtschaftlichen Erfolg notwendig sind (Acemoglu und Robinson 2013, P. 65). Staatlicher Austausch oder Staatswirtschaft ist gerade dadurch gekennzeichnet, dass es keine Alternative wie in der Marktwirtschaft gibt und dass es somit keinen Wettbewerb gibt (Buchanan und Tullock 1987, S. 104).

Das Stimmrecht für jeden Mann und jede Frau ist zweifellos ein fundamentaler Fortschritt gewesen. Seit jeher bestand ein rechtsphilosophisches Problem des Verfassungsstaates darin, dass auch die Nachgeborenen ohne Mitwirkung den gleichen Regeln unterworfen wurden, welche die Vorväter erlassen hatten. Die Konstruktion des »contrat social«, einer generellen Verpflichtung für alle Mitglieder einer Gesellschaft auch ohne Mitbestimmungsmöglichkeit, kann diesen Mangel nicht wirklich beheben. Es ist eben kein freiwillig eingegangener Vertrag zwischen allen Beteiligten, weil dazu von jedem Einzelnen eine Zustimmung erforderlich wäre. Auch hier liegt eine ungleiche Behandlung vor. Formell müsste jeder neu Stimmberechtigte die geltende Rechtsordnung akzeptieren, um seinem Recht auf demokratische Mitwirkung Genüge zu tun. Ansätze dazu sind in den Jungbürgerfeiern in der Schweiz oder beim Gelübde auf die Verfassung bei Amtsübernahmen vorhanden. Das allgemeine Stimmrecht als zivilisatorische Errungenschaft

Gewichtetes Stimmrecht, Steuerstimmrecht oder Proportionalstimmrecht

sollte aber nicht daran hindern, die darin manifestierte Gleichheit in Frage zu stellen, wenn sie nicht den Realitäten entspricht.

5.2 Stimmgewichtung

Wie könnte denn ein gewichtetes Stimmrecht, ein Steuerstimmrecht oder proportionales Stimmrecht aussehen? Das scheint relativ einfach zu sein. Sämtliche von einer Person bezahlten Steuern werden jährlich erfasst und legen fest, welches Gewicht bei einer Stimmabgabe dieser Person im Folgejahr zukommt. Bei der Umsetzung würde sichtbar, wie viele verschiedene Steuern und Zwangsabgaben mittlerweile erhoben werden, für die vielen Zahlenden das Bewusstsein völlig fehlt; weil viele Steuern nicht sichtbar und kaum wahrnehmbar sind.

Die kumulierten Zahlen an Steuern und Zwangsabgaben würden zahlenmässig sichtbar. Das würde Transparenz schaffen zwischen dem, was jeder Einzelne zu tragen hat, und dem, was er als Leistungen des Staates erhält. Jeder kann dann selber einschätzen, ob Aufwand und Ertrag in einem vernünftigen Verhältnis stehen oder nicht. In der Schweiz gehören zu den versteckten Steuern etwa Rentenversicherungsprämien, die nicht rentenbildend sind, weil sie das Maximaleinkommen übersteigen. Auch Millionen von Autofahrern ist wohl nicht bewusst, dass ein Grossteil der Benzinkos-

Teil III:Alternative

ten Steuereinahmen für den Staat generiert. Die Mehrwertsteuer dagegen wird auf jedem Kassabon in Franken und Rappen ausgewiesen. Weitere Beiträge sind direkte Steuern, Erbschaftssteuern, Grundstückgewinnsteuern, Zwangsabgaben für staatliche Medienunternehmen oder obligatorische Sozialversicherungsbeträge ohne individualisierte Ansprüche.

Wie können all diese Beträge erfasst werden? Im Zeitalter von Big Data, automatischem Informationsaustausch oder der Cumulus-Karten von Grossverteilern müsste es ein Einfaches sein, die entsprechenden Daten auf einer Karte zusammenzutragen und zu sammeln. Theoretisch ist dies zweifellos kein Problem. Die Frage ist höchstens, ob der politische Wille ausreicht und die Fähigkeit des politischen Systems, die nötigen Voraussetzungen zu schaffen. Selbstverständlich liesse dieses System auch zu, dass die verschiedenen Steuererträge auch jenem föderalistischen Gemeinwesen (Gemeinde, Kanton, Bund) zugeordnet werden, dem es dient – und entsprechend liesse sich das Stimmgewicht föderal unterschiedlich bemessen und zuordnen.

Wie können aber die Einkäufe einer Familie etwa in Bezug auf die Mehrwertsteuer zugeordnet werden? Im heutigen System mit Familienbesteuerung oder bei einer Individualbesteuerung von Familien entscheiden die Beteiligten selber, wem das entsprechende

Gewichtetes Stimmrecht, Steuerstimmrecht oder Proportionalstimmrecht

Steuergewicht zukommen soll, indem sie beim Bezahlen die entsprechende Karte verwenden oder dieses »Guthaben« intern auch verschieben können. Staatsangestellte sollten aufgrund der Analyse in den vorstehenden Kapiteln in politischen Entscheidungen analog zu Amtsträgern in eigenen Angelegenheiten in den Ausstand treten. Das liesse sich sehr einfach erreichen, indem sie keine direkten Steuern mehr bezahlen müssten, womit ihr Stimmgewicht sich auf alle andern Abgaben beschränkt und ihr Einfluss auf die staatlichen Aufgaben sich reduziert, da ihr Stimmgewicht keine direkten Steuern umfassen würde.

Das nach Steuerleistung gewichtete Stimmrecht weist eine gewisse Verwandtschaft zum Aktionärsstimmrecht auf. Aktionäre haben in der Regel je Aktie ein Stimmrecht – also abhängig von der Höhe ihres Kapitaleinsatzes, das sie der Aktiengesellschaft zur Verfügung stellen. Wer viele Aktien kauft und den entsprechenden Betrag dem Unternehmen zur Verfügung stellt, hat auch einen grösseren Einfluss als jener, der nur eine einzige Aktie besitzt. Bei vinkulierten Aktien kann ausnahmsweise von diesem Prinzip abgewichen werden. Das französische Aktienrecht dagegen belohnt langfristig denkende Aktionäre, indem es deren Stimmrecht nach zweijährige Besitzdauer verdoppelt (Kappeler). Deshalb wird die Idee des steuergewichteten Stimmrechts zweifellos mit dem Vorwurf konfrontiert werden, sie führe ein vergleichbares »kapitalis-

Teil III:Alternative

tisches« System in der Demokratie ein. Das ist aber keineswegs der Fall. Im Gegenteil. Beim Aktionär handelt es sich um einen Geldeinsatz, der in der Regel zurückerstattet wird – sei es durch Aktienrückkauf durch das Unternehmen oder durch den Verkauf der Aktien an einen anderen Erwerber. Das Risiko des Aktionärs besteht darin, dass er im Konkursfall sein Geld verliert, wenn also das Unternehmen unrentabel arbeitet.

Im Fall von Steuern dagegen handelt es sich in jedem Fall um Geld à fonds perdu – um Geld, das der Zahlende nie mehr wiedersieht, weil der Staat heute keine direkte Rückerstattungspflicht mehr hat – im Gegensatz zu früher (siehe oben 5.2). Wie weit er von den Leistungen des Staates in Form von Schulbildung, Sicherheit, Infrastrukturen oder Sozialversicherungen profitiert, ist praktisch unabhängig von seinen Steuerleistungen. Deshalb ist der Vergleich mit dem Aktionärsstimmrecht völlig verfehlt, denn der Aktionär hat in der Regel Aussicht darauf, dass er seinen Einsatz zurück erhält und im Idealfall zusätzlich Zinsen in Form der Dividende sowie einem allfälligen Gewinn aus der Wertsteigerung der Aktie. Der Steuerzahler hat dagegen überhaupt keinen Anspruch auf individuelle Rückerstattung, weshalb es umso mehr begründet ist, dass der »Steuermillionär« mehr Einfluss erhält als derjenige, der keine oder kaum Steuern zahlt. Dieses System des Steuergewichtes müsste ergänzt werden durch Abzüge von staatlichen

Leistungen, die beitragsunabhängig ausgerichtet werden: also Sozialhilfe oder Ergänzungsleistungen – im Gegensatz zu AHV- und Pensionskassenrenten, soweit sie auf den eigenen Beiträgen basieren.

Damit würde der Anreiz schwinden, bei politischen Entscheidungen Staatsleistungen zu erhalten, die auf Kosten anderer gehen. Umgekehrt kann unterstellt werden, dass die Bessergestellten und Hauptsteuerzahlenden in der Regel mehr Fähigkeiten besitzen und deshalb mehr Einnahmen erzielen. Deshalb würden sie wohl auch vorteilhaftere politische Entscheidungen fällen und verhindern, dass laufend neue Staatsaufgaben zu einer steigenden Staatsverschuldung führen. Diese Systemproblematik der Demokratie nach dem Prinzip »one man, one vote« bringt letztendlich die demokratischen Grundlagen selber in Gefahr. Selbstverständlich wird dieser Vorschlag dazu führen, dass die »Reichen« mehr Einfluss auf die Demokratie erhalten. Dazu ist festzustellen, dass diese Personenkategorie keine feste Grösse ist, sondern sich verändert: Reiche verarmen, einfache Menschen werden reich. Es ist also nicht immer die gleiche Gruppe, die am meisten Einfluss hat. Ausserdem gibt es »Reiche« wie George Soros, die für eine höhere Steuerbelastung der vermögenden Bürger plädieren oder über Stiftungen wohltätige, nicht staatlich gelenkte, Aufgaben finanzieren. Von Kritikern dieses Vorschlages ist die Frage zu beantworten: Warum soll der

Teil III:Alternative

Grosssteuerzahler nicht mehr zu sagen haben als jener, der wenig oder gar keine Steuern zahlt?

Das Steuerstimmrecht ist keineswegs etwas völlig Neues und zuvor noch nicht Bekanntes. Die griechische Konföderation bestimmte die Grösse der Parlamentsvertretung nach der Bevölkerungszahl der Staaten und auferlegte diesen wiederum die Steuerlast anteilmässig zur Zahl der Repräsentanten (Balinski 1982, S. 177), was im Prinzip zu einer Kopfsteuer führt. Die Kopfsteuer, die jedem Steuerzahlenden die gleiche Steuerlast auferlegt, muss eigentlich als korrektes Pendant zum Prinzip »one man, one vote« gesehen werden: Steuerpflicht und Stimmrecht sind in Balance. In den Anfängen der amerikanischen Kolonien gab es die Bestimmung, dass sich die Zahl der Abgeordneten einer Kolonie (eines Staates) nach der Höhe ihres Beitrages an die Schatzkammer des Bundes bemisst (Ermacora 1958, S. 11), (Hamilton et al. 1958, S. 11). Das System des Stimmgewichtes führte in Preussen im 19. Jahrhundert wenigstens zu drei verschiedenen Klassen beim Wahlrecht (Kriesi und Bochsler 2013, S. 31). Heute liesse sich diese Differenzierung dank digitaler Datentechnik beliebig differenzieren. Nebst dem direkten Einfluss der Steuerzahlenden auf Abstimmungen könnte dieses Prinzip auch auf in den gewählten Repräsentanten (Parlaments- und Regierungsmitgliedern) weiter wirken: Wer sein Amt mit höherer Steuerstimmenzahl erlangt, hat auch als Parlamentarier einen höhen Einfluss bei parlamentarischen oder exekutiven Entscheidungen. Ist das gerecht?

5.3 Recht und Gerechtigkeit

Der Titel behandelt ein Thema, das Bibliotheken füllt. Was ist Gerechtigkeit? Wie lässt sie sich erreichen? Wer definiert, was Gerechtigkeit ist? Hier soll kein rechtsphilosophischer Exkurs zu diesem Generalthema gemacht werden. Im Sinne von Peter Noll soll vielmehr versucht werden, Gerechtigkeit dadurch herzustellen, dass offensichtliche Ungerechtigkeiten aufgezeigt und Vorschläge zur Veränderung gemacht werden. Im Bereich der Leistungen des Einzelnen für den Staat und dessen Einfluss auf staatliche Entscheidungen sind Ungerechtigkeiten nicht zu übersehen.

Beginnen wir in der fundamentalen Thematik Krieg und Frieden. Sind jene, die darüber entscheiden, einen Krieg zu beginnen, auch jene, die in den Krieg geschickt werden? Ist es gerecht, wenn Parlamentarier im historischen Plenarsaal darüber befinden, wer an der Front von der neuesten Kriegstechnologie ins Jenseits befördert wird? Sollten nur jene über Krieg befinden, die auch mit der Waffe in der Hand für die Umsetzung des Entscheides sorgten, wie im Idealfall bei den historischen Landsgemeinden? Zweifellos die beste friedenssichernde Massnahme wäre eine völkerrechtliche Übereinkunft, dass nur jene über Krieg und Frieden entscheiden, welche einen Fronteinsatz erlebt und überlebt haben. Kriegsveteranen würden mit an Sicherheit grenzender Wahrscheinlichkeit kaum einen Kriegseinsatz befürworten.

Eine ähnliche Situation ergibt sich bei der heute zentralen Beziehung der Bürger zum Staat. Sie beschränkt sich vorwiegend auf die Pflicht Steuern und Abgaben zu bezahlen, der das Recht zur Mitbestimmung als Gegenleistung entspricht. Die Wahrnehmung des Stimmrechtes als Aufgabe, die einige Zeit beansprucht, oder die Übernahme einer staatlichen Aufgabe im Ehrenamt sei hier erwähnt, aber ausgeklammert. Eine Mehrheit von Stimmenden kann zu Lasten der Minderheit Aufgaben beschliessen, die vorwiegend von der Minderheit bezahlt werden müssen – eine Kriegserklärung insbesondere der »Armen« zu Lasten der »Reichen«: »Der fiktive Mehrheitswille ist nicht mehr als eine Übereinkunft, dessen Anhängern auf Kosten der übrigen entgegenzukommen« (Horn 2013a, S. 133).

Der Staat kann sogar generell als Widerspruch in sich verstanden werden: Er gibt vor und erklärt in der Regel in der Verfassung, dass er das Eigentum seiner Bürger schützt. Tatsächlich enteignet diese »steuerfinanzierte Schutzagentur« (Hoppe 2003, S. 178) aber über Steuern seine Bürger, woraus mehr Steuern und weniger Eigentum resultiert. Diese Feststellung mag übertrieben erscheinen, wird aber von der Realität noch fast überholt: Die Steuerbelastung nimmt laufend zu und die Methoden der Steuerverwaltung und –fahndung entwickeln sich immer mehr zum totalitären Apparat mit vollständigen Überwachung seiner Bürger inklusive Lieferung steuerrelevanter Daten an andere Staaten. »Wenig überraschend begrüssen besonders Hochsteuerländer den automatischen Informationsaustausch« (Eisenring).

Die Steigerung der Besteuerung bis zur Perversion stellt aktuell in der Schweiz die Politik negativer Zinsen der Nationalbank dar. Faktisch haben sie zur Folge, dass Sparkapital – wie jenes in Pensionskassen – praktisch unbemerkt besteuert wird. Die Negativzinsen vermindern Sparkapital und helfen den Abbau von Staatsschulden zu finanzieren, indem sie die Zinskosten in massiv reduzieren. Die »Steuerzahler« merken davon überhaupt nichts und diese versteckte Steuer ist durch keinen demokratischen Entscheid legitimiert (Köppel 2015).

Eisenring weist im Übrigen darauf hin, dass bei niedrigen Steuersätzen und wenn Bürger direkten Einfluss auf die Höhe der Ausgaben haben, die Steuerehrlichkeit grösser ist. Die Politik hat längst vergessen, dass sie Gesetze generell und Steuergesetze im Speziellen so ausgestalten muss, dass sie vorwiegend freiwillig befolgt werden, weil sie nicht mehr durchsetzbar sind, wenn auch nur einige Prozent der Bevölkerung sie nicht beachten und befolgen.

Falls dies nicht zutrifft, ist ein immer grösserer Aufwand für die Berechnung, Erhebung der Steuern und der Bekämpfung von Steuervermeidung erforderlich, womit das System immer ineffizienter und teurer wird – ein Teufelskreis der Steuern: Je höher die Belastung, desto grösser die Wahrscheinlichkeit, dass Steuern nicht korrekt geleistet werden, desto grösser der Aufwand für die Verfolgung der Steuerstraftäter. Wer sich die heutige Effizienz staatlicher IT-Beschaffungen und –Projekte vor Augen führt und daran denkt, wie die Daten aus dem automatischen Informationsaustausch dereinst bearbeitet werden, kann nur das Schlimmste befürchten: die totale und ineffiziente Steuerbürokratie.

Die Entwicklung hat zweifellos dazu geführt, dass »Reiche« die progressive Steuerbelastung durch Steuerhinterziehung und –betrug umgehen. Es stellt sich die Frage, wer zuerst war: das Huhn oder das Ei; die hohe Steuerbelastung oder die Steuerunehrlichkeit. Viele meinen, dass die Staatsschuldenprobleme zu lösen wären, wenn die »Reichen« ihre Steuern korrekt bezahlten. Dass sie heute schon faktisch für einen überproportionalen Anteil aufkommen, wird konsequent ausgeblendet.

Gewichtetes Stimmrecht, Steuerstimmrecht oder Proportionalstimmrecht

Wer sind denn überhaupt die »Reichen«; ab wann ist jemand reich? Sind es jene, die einen überdurchschnittlichen Lohn erhalten? Oder jene, die Firmen besitzen und damit Gewinne in Form von Dividenden beziehen? Fakt ist in Deutschland, dass zwei Drittel des Einkommens auf Löhnen basiert und ein Drittel auf Kapitaleinkünften (Sarrazin, S. 252). Die Vorstellung, dass die »Reichen« eigentlich alle Probleme der Staaten lösen könnten, wenn sie nur »anständig« Steuern zahlten, ist vor diesem Hintergrund eine schöne Illusion, aber realitätsfremd: »Im Jahr 2005 gab das reichste Prozent der Deutschen 81 Prozent seiner Einkünfte als „zu versteuerndes Einkommen" an; die ärmere Hälfte nannte dagegen nur 23 Prozent« (Hank 2012, P. 4883).

Auch bezüglich der Höhe der Steuerbelastung muss es in der Demokratie Grenzen geben. Die Tendenz, dass immer weniger Steuerzahlende einen immer grösseren Anteil der Lasten zu tragen haben, hat eine Parallele zum Soldaten, der von den parlamentarischen Bürokraten in den Krieg geschickt wird: Jene, die über die Höhe der Steuern befinden, zahlen in der Regel nicht die höchsten Steuersätze. Die liberale Forderung, der Rechtsstaat müsse der Demokratie vorgehen (Hank 2012, P. 184 und 196), hilft m.E. nicht weiter, auch wenn schon John Locke und David Hume dies vertreten haben.

Eine solche Konstruktion ist ähnlich akrobatisch wie religiös begründete Normen: christliche Gebote oder die Konsequenzen gemäss der Scharia. Die Demokratie bestimmt ja zuerst, welche rechtsstaatlichen Regeln gelten, denn solche existieren vorher gar nicht – es sei denn, solche würden naturrechtlich oder völkerrechtlich begründet, also kraft vorstaatlich existierender Normen. Erst wenn demokratisch Gesetze beschlossen sind, wie der Rechtsstaat funktionieren soll, kann von rechtsstaatlichen Prinzipien ausgegangen und die demokratische Methode als souveräne Gewalt beschränkt werden, können ihr Grenzen gesetzt werden.

Zwingender ist die Relation zwischen dem staatsschützenden Soldaten und seinem Stimmrecht und der heutigen Situation, dass der steuerzahlende Staatsbürger in erster Linie die Existenz des Staates garantiert (Kappeler 2014a, S. 33). Da der Soldat nur ein Leben – sein Leben – riskieren oder geben kann, steht ihm ein Stimmrecht zu. Der Steuerzahler kann aber mehr oder weniger Steuern zahlen und soll auch mehr oder weniger Einfluss nehmen können – gemäss dem Konzept des gewichteten Steuerstimmrechtes. Dieser Vorschlag kann die Demokratie nur stärken, nicht gefährden. Gefährdet wird sie mit dem System der Europäischen Union, das in Europa dazu geführt hat, dass ein demokratisch schwach legitimiertes Gremium wie die EU-Kommission eine Integration auf Kosten der Steuerzah-

Gewichtetes Stimmrecht, Steuerstimmrecht oder Proportionalstimmrecht

ler anstrebt und eine »Demokratie-Skepsis der Bürger« verursacht (Ackermann 2011).

Heute trägt ein sehr kleiner Teil der Bevölkerung einen Grossteil der öffentlichen Lasten. Ihr Einfluss bemisst sich am Bevölkerungsanteil, ist also praktisch unbedeutend. Beim Steuerstimmrecht wäre der politische Einfluss entsprechend dem Anteil der bezahlten Steuern wesentlich grösser. Das heisst nicht, dass die »Reichen« nicht bereit wären und entsprechend entscheiden würden, weiterhin mehr als der Durchschnitt zu den staatlichen Aufgaben beizutragen. Es muss auch nicht bedeuten, dass dabei langfristig bessere Entscheidungen gefällt werden. Es gibt Grund zur Annahme, dass die »Reichen« eventuell cleverer agieren und eventuell auch cleverere Gesetzgeber wären. Jedenfalls könnten in diesem System nicht länger zwei Sozialhilfeempfänger darüber entscheiden, was ein Millionär an Steuern zahlt. Diese aktuelle Lage der Demokratie kann wohl kaum als gerecht empfunden werden. Schlimmer aber ist der Umstand, dass mit diesem System die Defizite der Staaten ständig wachsen, weil immer mehr Profiteure und Wähler ruhig gestellt werden müssen. Das Drehen an der Schraube »Progression« verspricht je länger, desto weniger die Lösung der strukturellen Demokratieprobleme, die zu massiven Defiziten geführt haben und deren Implosion katastrophale Auswirkungen hätte.

5.4 Steuern und Progression

5.4.1 Historisches

Wie bei der Demokratie gibt es verschiedene Wurzeln, die zu Steuern geführt haben. Von Anbeginn haftet den Steuern etwas Dämonisches an. Eine Quelle sind nämlich kriegerisch erzwungene Tributzahlungen, die ein erobertes Land dem Eroberer für seine »gar nicht erwünschten Dienstleistungen« (Hank 2012, P. 3117) zu bezahlen hatte. Von Anfang an waren Steuern also Zwangsabgaben und sie sind es heute noch: Kein Bürger kann sich ihnen gesetzeskonform, also legal, entziehen. Der französische Finanzminister unter Ludwig XIV, Jean Baptiste Colbert, soll zum Mass der Steuerbelastung der Bürger das Bonmot geprägt haben: »Die Kunst der Besteuerung besteht darin, die Gans so zu rupfen, dass man möglichst viel Federn bei möglichst wenig Geschrei erhält« (Urs Rauber 2015).

Bevor eine leistungsfähige Administration bestand, war es den Regierenden aber gar nicht möglich, flächendeckend Steuern einzuziehen. Vielfach beschränkte sich die Pflicht der Bewohner auf Arbeitseinsätze, Fron- oder Kriegsdienste, die persönlich zu leisten waren. Oder die Abgaben wurden in Form von Plünderungen »eingezogen«. Basis der »öffentlichen Finanzen« der Adelshäuser waren in der Regel keine direkten Steuern, sondern Erträge aus Zöllen,

Monopolen, Markt- und Stadtrechten. Da Leibeigene sowieso Teil des Vermögens bildeten, machte deren Besteuerung auch gar keinen Sinn. Die Kirche verfügte dagegen über die nötigen Strukturen, um ihren »Zehnten« zur Finanzierung ihrer Aufwendungen einzutreiben, auch wenn offenbar dieser Anteil trotz der Bezeichnung nie den zehnten Teil erreicht hat.

Direkte Steuern der Bürger haben ihre persönliche Dienstpflicht abgelöst, spielen aber erst in der Neuzeit eine zentrale Rolle für die Finanzierung der Staatsaufwendungen. Parallel hat sich zur die entsprechende Administration entwickelt, ohne die eine Steuererhebung gar nicht durchzuführen ist. Steuern können aber auch verstanden werden als »eine Art Clubbeitrag, welche die Mitglieder eines Vereins freiwillig bezahlen« (Hank 2012, P. 4931). In diesem Fall ist es aber zentral, dass die Belastung so ausgestaltet ist, dass die »Vereinsmitglieder« bereit sind, sie zu tragen, oder dass sie unmittelbaren Einfluss auf deren Höhe haben – denn austreten können sie, wie dargestellt, ja nicht: »Der Schlüsselfaktor sämtlicher auf Gemeinnutz ausgerichteten Systeme besteht folglich darin sicherzustellen, dass die bedingt Gutwilligen die Kooperation nicht aufkündigen« (Surowiecki 2004, S. 191). Genau dieses Problem schafft eine ständig wachsende Steuerbelastung und vor allem die Progression. Sie ist zwar allgemein anerkannt und kaum in Frage gestellt. In Bezug auf ihre Begründbarkeit ist sie sehr umstritten und sie widerspricht dem Grundsatz der Rechtsgleichheit.

5.4.2 Progression

Die Steuerprogression führt dazu, dass »Reiche« überproportional viele Steuern zahlen: je mehr vorhanden ist, desto höher fällt relativ und absolut die Steuerrechnung aus. »Reiche« sind hier und nachfolgend bewusst in Anführungszeichen gesetzt. Der Begriff wird mittlerweile als öffentlicher Pranger eingesetzt, der meist gleichzeitig unterstellt, dass sie zu wenig Steuern zahlten, auch wenn das vor den Fakten (siehe 6.4.3) nicht Stand hält. Zweitens signalisieren die Anführungszeichen, dass unter »Reiche« sowohl Leute mit grossem Einkommen als auch solche mit grossem Vermögen fallen, was komplett verschiedene Tatbestände darstellt: einen dynamischen und einen statischen. Drittens sind »Reiche« keine feste Gruppe, die permanent zu den »oberen Zehntausend« gehören: Sie können absteigen und »Nicht-Reiche« können reich werden. Viertens sind »Reiche« – angesichts der Verwechslung von Gleichheit vor dem Gesetz und materieller Gleichheit – als »personae non gratae« abgestempelt: unerwünscht – ausser sie zahlten überproportional viele Steuern. Es grenzt schon fast an eine Straftat, reich zu sein oder zu werden. Im Grunde genommen dürfte es das aus Sicht der Erfinder von

Gewichtetes Stimmrecht, Steuerstimmrecht oder Proportionalstimmrecht

Begriffen wie der »Gerechtigkeitslücke« gar nicht geben – oder höchstens dann, wenn es um das Zahlen überproportionaler, also progressiver Steuern geht.

Bei der Steuerprogression passiert unter dem Aspekt der Rechtsgleichheit genau das Gegenteil dessen, was bei der Auslegung des Stimmrechts der Fall ist: one man, one vote wird als rechtsgleich interpretiert. Das Stimmrecht wird pro Kopf, beziehungsweise pro Person zugeteilt. Jeder Mensch ist gleich und hat damit das gleiche Stimmrecht. Bei der progressiven Steuerbelastung findet diese Interpretation der Rechtsgleichheit nicht statt. Hier wird die Rechtsgleichheit so interpretiert: Wer viel hat, zahlt nicht nur proportional gleich viel, sondern überproportional mehr. Ebenso gut könnte als Rechtsgleichheit definiert werden, dass jeder Bürger pro Kopf gleich viel an die staatlichen Aufwendungen beitragen muss, da er ebenfalls von den staatlichen Leistungen wie Sicherheit, Rechtssystem, Bildung anteilmässig nur pro Kopf profitiert (Kopfsteuer-Prinzip) und nicht anteilmässig zu seinem »Reichtum«.

Diese Betrachtungsweise – gleiche Vorteile von staatlichen Diensten verlangt nach gleichen Lasten – hat mit der aktuellen Gegenwart nichts zu tun. Politik besteht eben gerade darin, Leistungen und Gegenleistungen möglichst zu entkoppeln. Selbstverständlich gibt es verschiedene Begründungen für die Steuerprogression, wie den Grenznutzen: wer viel hat oder verdient, dem bleibe noch mehr als genug und er könne sich Luxus leisten, den er gar nicht benötige. Der Grenznutzen fokussiert auf die Umstände des Steuerzahlers – nicht aber auf das Verhältnis zwischen Leistung und Gegenleistung des Staates, die ja für alle gleich sein sollte. Die Optik vom Grenznutzen masst sich ein Urteil darüber an, was das Lebensnotwendige ist und entscheidet anstelle des Eigentümers darüber, was sinnvollerweise mit seinem Geld als Steuer zu geschehen habe. Es ist keine nachvollziehbare Begründung dafür, weshalb einer mehr Steuern zahlen muss, ohne dass er dafür auch mehr Rechte (wie beispielsweise das Steuerstimmrecht oder bessere Leistungen) erhält. Analoges lässt sich über andere Begrifflichkeiten sagen, die von Gerichten und Parteien als Argumentation für die Progression angeführt werden: Gerechtigkeitserwägungen oder Leistungsfähigkeitsprinzip. Sie orientieren den Blick auf das Verhältnis der Bürger untereinander und wenden ihn ab vor der effektiven Realität. Sie besteht aus dem Austausch von Steuern gegen staatliche Leistungen und dieses kann bei progressiven Steuern nicht ausgewogen sein.

Die abenteuerlichen Worthülsen verschleiern, dass es ziemlich schwierig ist, die Steuerprogression als »gerechte Lösung« zu verkaufen. Ihre Geschichte ist noch relativ jung und sie hat sich erst im 20. Jahrhundert als Steuermodell in vielen Staaten etabliert – wohl nicht zufällig parallel zum Ausbau der staatlichen Tätigkeit und Administration. Sie ist aus der Not geboren, dass die Politik und der demokratische Entscheidungsweg systembedingt den Staatsorganen immer mehr Aufgaben zuschanzen und den Bürgern immer grössere Versprechen machen, die irgendwie finanziert werden müssen. Das Prinzip funktioniert nur, weil die Steuerprogression Neidinstinkte nutzt und sich auf die Sicht konzentriert, was dem »Reichen« nach Zahlung der Steuern noch bleibt: Es geht nur um das private Geld. Es geht nicht um den Zusammenhang zwischen dem, was einer als Steuerzahler zur staatlichen Organisation beiträgt und was er von dieser zurückerhält. Wenn vor dem Gesetze alle gleich sind, dann sollten auch alle gleich viel Steuern zahlen. Ob das in absoluten Zahlen (jeder zahlt die gleiche Kopfsteuer) oder in relativen (Prozentsatz vom Einkommen) kann schon umstritten sein.

Steuerprogression ist unter dem Aspekt der Rechtsgleichheit aber nicht vertretbar – solange zumindest das Stimmrecht nicht entsprechend gewichtet wird: »Der Souverän ist nie berechtigt, einem Untertan grössere Lasten aufzulegen als dem andern« (Rousseau 1946, S. 40). Die französische Revolutionsverfassung legte in Art. 9 sogar fest, dass die Besteuerung aller Bürger und aller Vermögen nach den gleichen Grundsätzen und in der gleichen Weise erfolge (Acemoglu und Robinson 2013, P. 4919). Steuerprogression diskriminiert die »Reichen« und verstösst gegen das Grundprinzip, dass

Teil III:Alternative

Gesetze abstrakte und allgemeine Regeln darstellen sollten (Horn 2013a, S. 130). Dass die Mehrheit über progressive Steuertarife einer Minderheit höhere Steuerlasten aufbürdet ist aus »Gerechtigkeitsgründen« (Hayek, Friedrich A. von 1983, S. 407) nicht zu verteidigen: »In keinem Sinn kann ein progressiver Steuertarif als eine allgemeine, auf alle gleich anwendbare Regel betrachtet werden... Die Progression enthält keinerlei Kriterium dafür, was als gerecht und was als nicht-gerecht angesehen werden soll« (Hayek, Friedrich A. von 1983, S. 398). Beweis dafür ist die Tatsache, dass während 20 Jahren in Deutschland der Halbteilungsgrundsatz galt, wonach wenigstens die Hälfte des Einkommens dem Steuerzahler verbleiben muss. Mit Urteil vom März 2006 kam das Bundesverfassungsgericht zum Schluss, auch eine Belastung von 59,9 Prozent sei noch zulässig, also rechtmässig. In Frankreich hat Staatspräsident François Hollande im Wahlkampf den Wählenden ab einer bestimmten Einkommenshöhe einen Satz von 75 Prozent in Aussicht gestellt – und die Wahl gewonnen. Nur eine winzige Minderheit läuft je Gefahr, diesen Satz zahlen zu müssen – falls der denn je überhaupt Realität werden sollte, was auch Jahre nach der Wahl – nicht überraschend bei Politikerversprechen – noch nicht der Fall ist.

Weil es keinen begründbaren Steuersatz für die Progression gibt, wird dieser – wie Deutschland und Frankreich zeigen – ständig erhöht. Dies geschieht im guten Glauben, dass die erzielte Um-

Gewichtetes Stimmrecht, Steuerstimmrecht oder Proportionalstimmrecht

verteilung zwischen besser und schlechter gestellten Steuerzahlenden ein »Heilmittel gegen soziale Unzufriedenheit« sei: »Erst langsam habe ich verstehen gelernt, dass (…) im Gegenteil die Annahme des Prinzips nach und nach allen Sinn für soziale Gerechtigkeit zerstört« (Hayek, Friedrich A. von 1952, S. 508). Er warnt an gleicher Stelle davor, dass nach der willkürlichen Herrschaft über das Einkommen auch die absolute Herrschaft über die Person selber folge – und damit die totale Unfreiheit. Das Prinzip der Steuerprogression korrumpiert jedes Mehrheitsprinzip (Nef, S.10), weil sie einer Mehrheit erlaubt, einer Minderheit höhere Lasten zu auferlegen und sich deren Eigentum zu Gunsten des Staates anzueignen.

Die Steuerprogression verstösst auch gegen das Prinzip gleicher Lohn für gleiche Arbeit: Wer eine Stunde arbeitet und dafür 0,1 Einheiten Steuern zahlt, dem verbleibt 0,9 Einheiten. Wer aber 10 Stunden arbeitet und dafür aufgrund der Progression 2,0 Einheiten Steuern zahlt, kommt noch auf einen Stundenlohn von 0,8 (Hayek, Friedrich A. von 1983, S. 400). Grundsätzlich vertritt Hayek die Auffassung, dass die Steuerprogression gegen ein »moralisches Prinzip« verstosse. Den Gesetzgeber aber könnten weder gesetzliche noch verfassungsmässige Regeln binden: »Eine einzige wirksame Grenze seiner Macht ist die allgemeine Anerkennung eines moralischen Prinzips« (Hayek, Friedrich A. von 1952, S. 517).

Teil III:Alternative

Davon sind wir weiter entfernt als das nächste Sonnensystem. Denn nicht nur werden die »Reichen« mit der Steuerprogression diskriminiert. Sie sind auch dafür verantwortlich, dass die Staaten Bankrott gehen, weil sie nicht genug Steuern zahlen, indem sie angesichts der Steuerprogression legal Steuerminimierung oder illegale Steuerhinterziehung und –betrug begehen. So zumindest lautet eine mehrheitsfähige Lesart, die von der Politik gepflegt wird. Die nächste Eskalationsstufe hat die aktuelle griechische Regierung (März 2015) gezündet: Nach ihrem Wahlsieg müssten Reiche erklären, woher sie ihren Reichtum hätten, erklärte Alexis Tsipras, Vorsitzender der radikalen linken Partei Syriza in Griechenland (Hübel 2015).

Zynisch betrachtet kann es »Reiche« eigentlich nur noch geben, weil sie nicht so progressiv besteuert wurden, dass sie gleich »arm« geworden sind, wie die von Steuerlasten befreiten Mitbürger. Wäre es nach diesem Prinzip nicht konsequent, die »Reichen« zu 100 Prozent zu besteuern und ihnen als Gegenleistung das »Grundeinkommen für alle« zukommen zu lassen? Wieso geht die Progression nicht so weit? Gibt es dafür eventuell Gründe? Es sind nicht mehr viele Schritte bis den »Reichen« Weltverschwörungstheorien nachgesagt werden, sie würden das Scheitern politischer Systeme anstreben. Letztmals wurde im Nationalsozialismus den jüdischen Mitbürgern die Rolle als Sündenbock zugeschoben. Unter anderem auch deswegen, weil sie lange Zeit aufgrund konfessioneller Ausgrenzung von vielen Berufen ausgeschlossen waren, sich aber auf das Bank- und Geldgeschäft verstanden, das ihnen zugestanden wurde, weil sich die Christen mit dem religiös verbotenen Zinsgeschäft nicht die Hände beschmutzen wollten. Einige von ihnen hatten es zweifellos zu Wohlstand gebracht; aber das war eine Minderheit.

5.4.3 Faktisches

Die Jagd ist eigentlich schon längst eröffnet. Der Schlachtruf heisst: Wenn die Reichen die nach Steuergesetzen fälligen Steuern zahlen würden, dann gäbe es keine überschuldeten Staaten. Griechenland würde nicht vor dem Bankrott stehen und könnte weiterhin mehr Geld ausgeben, als es einnimmt. Die Fakten zeichnen ein völlig anderes Bild, selbst wenn ein beträchtlicher Anteil an rechtmässig geschuldeten Steuern wirklich nicht bezahlt werden sollte. Dabei ist darauf hinzuweisen, dass die »Reichen« offenbar die bessere Steuermoral haben als die »Nicht-Reichen« und weniger zu Steuerbetrug neigen (Hank 2012, P. 4883).

Der ehemalige österreichischen Bundeskanzler Wolfgang Schüssel hat für die deutschsprachigen Länder interessante Fakten zum Steuerertrag zusammengetragen, also den Einnahmen des Staates –

nicht zu verwechseln mit dem individuellen Steuerbetrag oder der Steuerrechnung des Einzelnen (Schüssel 2013, S. 22). Sie widerlegen das Bild von den steuerhinterziehenden »Reichen« in jeder Beziehung, denn ohne sie würden alle drei Staaten innert kürzester Zeit zusammenbrechen. Die 10 Prozent der einkommensstärksten Steuerzahler kommen für mehr als die Hälfte der Steuereinnahmen aus Einkommenssteuern auf: 55 Prozent in Deutschland, 60 Prozent in Österreich und 80 (!) Prozent in der Schweiz: »Gutverdienende zahlen in der Schweiz so hohe Steuern wie in Hochsteuerländern Europas: Italien, Deutschland, Griechenland« (Mundt). In der Schweiz zahlt das oberste Prozent der Steuerzahler nicht weniger als 40 Prozent des Steuerertrages. Die relative Steuerbelastung mag trotzdem für sie in der Schweiz noch immer tiefer als in den Nachbarländern sein.

Merkwürdig ist in diesem Zusammenhang, dass »Steuerparadiese« verteufelt werden, weil sich offenbar alle nach Steuerhöllen sehnen. Ebenso will offenbar kaum jemand in Steueroasen leben, weil alle die Wüste lieben. Im wahren Leben ist es eher umgekehrt: Alle machen Urlaub in Oasen und meiden Wüsten mehrheitlich, was meist wohl angenehmer empfunden wird. Die merkwürdige Zuneigung für Steuerhöllen hat wohl damit zu tun, dass fast die Hälfte der Personen mit einem steuerbaren Einkommen in Deutschland, Österreich und der Schweiz im Steuerparadies leben: Sie zahlen nämlich überhaupt keine (direkten) Einkommenssteuern (Schüssel 2013, S. 22). Die einkommensschwache Hälfte der Steuerzahlenden trägt gerade mal 2,5 Prozent der gesamten Steuereinnahmen (Österreich und Schweiz) – in Deutschland sind es 5 Prozent. Die Hälfte also lebt im Steuerparadies und das lässt sich natürlich nur finanzieren, wenn dank der Steuerprogression die »Reichen« den Hauptteil übernehmen, die man gleichzeitig in die Steuerhölle wünscht. So ist es folgerichtig, wenn diese steuerminimierte Mehrheit dafür sorgt, dass die Minderheit der »Reichen« nicht auch auf den Geschmack kommt, keine Steuern mehr zu zahlen, weil dann die Oase nämlich trocken gelegt und sich in eine Wüste verwandeln würde.

5.4.4 Progression und Mehrheit

Die Progression bei der Veranlagung steuerbarer Einkommen ist genau deshalb breit akzeptiert, weil eine Mehrheit davon profitiert, da sie weniger Steuern zahlt als die Minderheit der »Reichen«, die für den Hauptteil des Steuerertrages aufkommt. Die Progression ist das Paradebeispiel für das Ergebnis einer Mehrheitsentscheidung: »Es kann sich (…) auszahlen, dem Publikum eine Massnahme vorzuschlagen, die Minderheiten unverblümt ausbeutet« (Horn 2013b, S. 69). Und dann findet sich immer jemand, der dazu eine kluge Begründung schreibt, um das Ganze als rechtmässig oder gerecht darzustellen. Bei jedem Gutachten stellt sich doch sofort die

Teil III:Alternative

Frage, wer dafür bezahlt und welchen Einfluss das auf das Ergebnis der Studie hat. Was würde die Politik von Karlsruher Richtern halten, die in einem Grundsatzurteil erklärten, die fest verankerte und breit akzeptierte Steuerprogression verstosse gegen das Gebot der Gleichheit vor dem Gesetz? Was würde das für die Entlohnung dieser Richter bedeuten? Die Frage stellen, heisst sie fast schon zu beantworten.

Fakt ist: »Die Demokratie erlaubt es, sich per Mehrheit das Eigentum anderer Personen anzueignen« (Hoppe 2010), indem es dem Staat zur Verwendung übereignet wird. Diese Praxis stehe im Widerspruch zum Gebot sämtlicher Hochreligionen, nicht das Eigentum anderer begehren zu wollen. Es verletzt auch den religiös und philosophisch weltumspannend fundierten Grundsatz der Goldenen Regel: »Was du nicht willst, das man dir tu', das füg auch keinem andern zu.« Hayek schlägt zur Beseitigung der ungerechten Steuerprogression eine Lösung vor, die sofort einleuchtet: »Kein Steuersatz darf den von der Majorität der Bevölkerung gezahlten übersteigen« (Hayek, Friedrich A. von 1952, S. 516). Mit andern Worten: Der maximale Steuersatz muss von einer Mehrheit politisch akzeptiert und bezahlt werden; mindestens die Hälfte der Steuerzahlenden sind also mit der maximalen Progressionsstufe zu besteuern.

Dieser abstrakte Grundsatz würde die Problematik der ungerechten Steuerprogression als systemimmanentes Problem der Mehrheitsdemokratie beseitigen. Und er würde dem Gebot entsprechen, von keinem etwas zu verlangen, das man selber nicht bereit ist zu tun oder zu leisten. Allerdings würden der aktuelle Steuerbedarf und der Steuerhunger der Staaten zu einer massiven Besteuerung einer heute tatsächlich steuerlich privilegierten Mehrheit führen.

Für die Schweiz beziffern sich die Ausgaben von Bund, Kantonen, Gemeinden und Sozialversicherungen gemäss Bundesamt für Statistik 2013 auf 252,4 Mrd. CHF. Im Verhältnis zum Bruttoinlandprodukt von 635 Mrd. CHF ergibt sich eine Quote von 39,5 Prozent für Steuern und hoheitlich befohlene Beiträge, womit die Schweiz sogar über dem Wert von Deutschland und deutlich über dem Schnitt der OECD-Staaten liegt (Gygi 2015a). Pro Einwohner oder Kopf ergibt das eine Belastung von 31'000 CHF pro Jahr. 31'000 CHF wohlverstanden auch für jedes minderjährige Kind und jeden Sozialhilfeempfänger. Bei diesem Kopfbeitrag müsste eine Mehrheit der Steuer- und Beitragszahler ein Mehrfaches der heutigen Belastung übernehmen. Selbst wenn die maximale Progression von einer Mehrheit der Zahlenden geleistet werden müsste, würden sich massive Verschiebungen von »Reichen« zu »Nicht-Reichen« ergeben. Aufgrund der Erfahrungen mit der Austeritätspolitik in Europa wäre mit massiven Reaktionen zu rechnen.

Dabei verlangt die so bezeichnete Politik einfach das, was jeder Familienhaushalt muss: Mit dem vorhandenen Geld auskommen. Auch unter dieser Prämisse ist das Problem noch nicht aus der Welt geschaffen, dass die einen mehr an die Lasten des Staates beitragen als andere, aber alle das gleiche Stimmrecht haben. Das kann nur das gewichtete Stimmrecht, Steuerstimmrecht oder proportionale Stimmrecht.

5.5 Stimmrecht gemäss bezahlter Steuern

5.5.1 Bezugsrahmen

Das Prinzip ist ganz einfach. Für jeden bezahlten Steuerfranken innerhalb einer Periode (ein Jahr oder bei repräsentativen Systemen eine Amtsperiode) erhält ein Stimmbürger eine Stimme oder eben mehrere Tausend Stimmen: One man, multiple votes. Im Idealfall umfasst das sämtliche bezahlten Steuern (indirekte und direkte), die digital auf seiner Stimmkarte, dem Pass oder einem andern Datenspeicher verzeichnet werden. Im Zeitalter des automatischen Steuerdatenaustausches kann das eine professionelle Steueradministration theoretisch problemlos erfassen und zusammen mit dem Stimmausweis mittels QR-Code oder dergleichen festhalten. Rein technisch sind Abstimmungen und Wahlen mit proportionalem Stimmgewicht m.E. kein unmögliches Unterfangen.

Gewichtetes Stimmrecht, Steuerstimmrecht oder Proportionalstimmrecht

Die Technik macht diese Evolution der Demokratie möglich. Insbesondere würde diese Entwicklung dazu beitragen, zwischen den Pflichten von Bürgern insbesondere bezüglich ihrer Steuern und ihren Rechten in Bezug auf die Mitwirkungsmöglichkeiten ein Gleichgewicht herzustellen und damit für mehr Gerechtigkeit zu sorgen. Wieso soll der automatische Datenaustausch nur im Hinblick auf die Kontroll- und Überwachungsfunktion des Staates über seine Bürger funktionieren? In umgekehrter Richtung würde das gewichtete Stimmrecht dafür sorgen, dass der Mehrzahler auch mehr Kontrolle über staatliche Tätigkeit erhält.

Im repräsentativen System kann das Prinzip des gewichteten Stimmrechtes auf einer weiteren Stufe eingesetzt werden. Parlamentarier erhalten im Parlament ein gewichtetes Stimmrecht, das ihrem Anteil an Stimmen bei der Wahl entspricht. Wer also besonders viele Stimmanteile auf sich vereinigt, ist auch der »gewichtigere« Parlamentarier. Das würde auch zu einer gerechteren Repräsentation verhelfen, die im Zusammenhang mit der Wahlkreisgrösse bzw. der vertretenen Population bei »one man, one vote« für Verzerrungen sorgt. Wer also aus einem kleinen Wahlkreis kommt, kann weniger »gewichtiger« Repräsentant sein. Im Fall des kleinen, aber steuerkräftigen Kantons Zug wäre aber auch denkbar, dass die Vertreter mehr Stimmgewicht mitbringen würden, also solche aus einem steuerschwachen Grosskanton wie beispielsweise dem Wallis, das

Teil III:Alternative

aus innerkantonalem Finanzausgleich Steuergelder aus andern Kantonen bezieht.

Das Prinzip lässt sich bis zur Wahl von Exekutiven weiterführen, sodass auch hier nicht mehr nur nach Köpfen abgestimmt würde, sondern dass die unterschiedliche Stimmkraft bei der Wahl in Abstimmungen berücksichtigt würde. Im föderalen System kann das gewichtete Stimmrecht zudem auf die verschiedenen Staatsebenen verteilt werden und entsprechend zugemessen werden. Daraus resultiert für die Stimmberechtigten ein unterschiedliches Stimmgewicht bei Abstimmungen oder Wahlen auf den verschiedenen föderalen Staatsebenen: Je nach Steuerbeitrag pro Staatsebene würde das Stimmrecht differenziert gewichtet.

Es ist interessant, dass im 19. Jahrhundert die Diskussion um die Steuerprogression im Zusammenhang mit dem allgemeinen Wahlrecht geführt worden ist (Hayek, Friedrich A. von 1952, S. 514). Es war also keine steuerpolitische Diskussion; es ging um das verloren gegangene Verständnis für den Zusammenhang zwischen Steuerlast, Beitrag des Einzelnen an den Staat und dem Ausmass seines Mitbestimmungsrechtes. Wer diesem Prinzip nicht zustimmen mag, weil der Einfluss der »Reichen« grösser würde, könnte dies problemlos ändern: Keine Steuerprogression, nicht einmal eine »flat rate«, also ein einheitlicher Steuerprozentsatz, sondern eine allgemeine und gleiche Kopfsteuer. Damit würden die staatlichen Lasten für jeden gleich aufgeteilt und jeder hätte dann auch das gleiche, einheitliche Stimmgewicht.

John Stuart Mill (1806 – 1873) wollte Versammlungen, die über Steuerlasten entscheiden durften, nur durch jene wählen lassen, die auch Steuern bezahlten: »(Wer) ohne selbst Steuern zu zahlen, durch seine Stimme über das Geld anderer Leute verfügen, haben alle möglichen Beweggründe zu verschwenden und keine, sparsam zu sein (…) Besser wäre es, von jedem volljährigen Bürger etwa in der einfachen Form einer Kopfsteuer, eine direkte Steuer zu erheben (Mill 1971, S. 148–149). Er schlug auch vor, das Stimmrecht davon abhängig zu machen, dass jemand während einer bestimmten Zeit keine Fürsorgeleistungen beansprucht, dass er keine privaten Schuldausstände und keine unbezahlten Steuerpflichten hatte (Mill 1971, S. 149). Mill kann auch als Vertreter des Proportionalwahlrechtes gelten: »Es ist nur gerecht und politisch sinnvoll, wenn grössere Beiträge an die Gemeinschaft mit höherem Einfluss verbunden sind« (Mill 1971, S. 228).

Vergleichbare Ideen sind historisch belegt sind: Stimmgewicht in drei Stufen nach Steuerleistung in Preussen (Kriesi und Bochsler 2013, S. 31) oder die Zahl der Abgeordneten amerikanischer Bundesstaaten im Parlament nach dem Beitrag der Staaten an die nati-

Teil III:Alternative

onale Schatzkammer (Ermacora 1958, S. 11). In der leistungsorientierten Welt der Vereinigten Staaten scheint dieses Konzept eher auf Anklang zu stossen oder als Grundsatz akzeptiert zu werden. So hat in neuerer Zeit der amerikanische Kongress beschlossen, die Beiträge an die Uno so lange zu kürzen, bis »den Mitgliedstaaten ein ihrer Beitragsverpflichtung proportionales Stimmrecht eingeräumt« werde (Die Reform der Vereinten Nationen 1989, S. 73).

Damit wird genau des Prinzip der Proportionalstimmrechtes (in der Uno bisher erfolglos) postuliert: In diesem Fall würde eine Relation zwischen Staatsbeiträgen an die internationale Organisation und dem Mitbestimmungsrecht des Mitgliedstaates hergestellt. Heute zahlen die USA, Deutschland und Japan 40 Prozent des gesamten Uno-Haushaltes. Sie haben drei Stimmen und werden von den übrigen Staaten in der Generalversammlung problemlos überstimmt: »Eine der bekanntesten und universellsten Einrichtungen zur legalen Aneignung fremder Mittel via Mehrheitsregel ist die Uno mit ihren gut 190 Mitgliedsländern« (Gygi 2015b). Beim Internationalen Währungsfonds ist das Stimmrecht schon heute in Proportion zur Haftung, also zur eingegangenen Verpflichtung der Staaten, geregelt und das Proportionalstimmrecht Realität (Hans-Werner Sinn 2014).

Das Proportionalstimmrecht bildet die Analogie des Verhältnisses zwischen Steuerzahlung und politischem Einfluss. Im Schweizer

Gewichtetes Stimmrecht, Steuerstimmrecht oder Proportionalstimmrecht

Vereinsrecht, einem andern demokratischen Modell, ist es nach der Bundesgerichtspraxis zulässig, ein abgestuftes Stimmrecht in Abhängigkeit von der Beitragsleistung in verschiedenen Mitgliedschaftskategorien vorzusehen. Dazu ein Beispiel: Anlässlich der Generalversammlung eines Schweizer Bibliotheksverbandes 2014 waren 76 Einzelmitglieder vertreten mit einem Anteil von 76 Stimmen sowie 35 Kollektivmitglieder mit 153 Stimmen (zwischen 2 und 6 Stimmen pro Mitglied in Abhängigkeit ihres Beitrages). Bei einer Stimme pro Mitglied wäre das Verhältnis Kollektiv- zu Einzelmitgliedern also 35 zu 76 – oder vereinfacht etwa 1:2 gewesen. Aufgrund des beitragsabhängigen Stimmgewichtes aber 153 zu 76 oder vereinfacht etwa 2:1 – also gerade umgekehrt proportional. Damit haben die grossen Beitragszahler auch ein entsprechendes Gewicht bei Abstimmungen. Dieses Verhältnis entspricht fast genau auch den entsprechenden Einnahmen aus den Jahresbeiträgen von Kollektiv- und Einzelmitgliedern: 296'000 zu 131'000 CHF oder vereinfacht 2,2:1. Bezogen auf das gesamte Stimmpotential – nicht nur das an der Generalversammlung repräsentierte – beträgt allerdings das Verhältnis zwischen Einzel- und Kollektivmitgliedern 1219:824 Stimmen oder ca. 60:40. Der Einfluss entspricht also nicht genau dem »Steueraufkommen« beziehungsweise den Beitragsleistungen der verschiedenen Mitgliederkategorien, ist aber wesentlich repräsentativer als das Verhältnis, das sich nach dem Prinzip »one member, one vote« ergäbe und 1219:300 betragen würde. Analog wird beim Stockwerkeigentum selbstverständlich das Stimmrecht nach Anteilen am Wohneigentum festgelegt, wobei je nach Abstimmungsgegenstand ein unterschiedliches Quorum erreicht werden muss.

5.5.2 »Oligarchie«

Selbstverständlich wird der Vorschlag eines nach Steuern gewichteten Stimmrechts auf massive Kritik stossen. Damit werde die Oligarchie der »Reichen« eingeführt, die schon heute aufgrund ihrer Beiträge an die Wahlkämpfe von Politikern sich unkontrollierbaren Einfluss auf die Politik verschafft habe. Ist der Vorwurf berechtigt? Ja und Nein. Die »Reichen« erhalten nur mehr Einfluss und Gewicht auf Entscheidungen, wenn sie auch entsprechend viel Steuern zahlen. Es ist ihnen unbenommen, aufgrund ihres Stimmgewichtes die Progression beizubehalten oder abzuschaffen. Dazu wären sie nämlich in der Lage, wenn 10 Prozent mehr als die Hälfte der Steuern zahlen, könnten sie gemeinsam mehr als die Hälfte der Stimmen auf sich vereinigen und das heutige Steuersystem verändern.

Beim Prinzip von »one man, one vote« sind sie dazu nicht in der Lage, weil eben die Mehrheit ganz gut damit lebt, die reichere Minderheit auszunehmen – ob bewusst oder unbewusst kann dahingestellt bleiben. Mit dem Prinzip »one man, multiple votes« könnte

Gewichtetes Stimmrecht, Steuerstimmrecht oder Proportionalstimmrecht

das Gleichgewicht zwischen Steuerlast und Entscheidungsmacht hergestellt werden: Es würde dann gelten: Representation corresponding to taxation statt »No taxation without representation«. Der amerikanische Milliardär Tom Perkins hat einen vergleichbaren Vorschlag gemacht. Die aggressiven Reaktionen haben ihn umgehend dazu gebracht, die Sache als Scherz darzustellen. Sein Freund Tim Draper verteidigte ihn und erklärte: «Die Reichen sind in den USA zur verfolgten Minderheit geworden« (Niederberger). Die Geschichte und das Zitat deuten darauf hin, dass »Reiche« in den USA angeblich immer wieder von Steuererleichterungen profitieren sollen, der Steuerhinterziehung verdächtigt werden, aber grundsätzlich nicht darauf hinweisen dürfen, dass die Kluft zwischen Steuerlast, Steuerfreiheit und Stimmrecht moralisch nicht vertretbar ist.

Auf den Vorwurf, das gewichtete Stimmrecht führe zu einer »Reichenoligarchie« in der Demokratie, ist zu antworten: Die »Reichen« sind keine fixe Grösse; deren Zusammensetzung verändert sich laufend. Es handelt sich nicht um eine feste Gruppe. Soziologen haben 18 000 Amerikaner (Alter von 25 bis 60) während über 40 Jahren bezüglich ihrer Einkommensentwicklung analysiert und dabei festgestellt: Mehr als 12 Prozent gehören mindestens ein Jahr lang zum obersten Prozent der Verdiener, 75 Prozent sind einmal im obersten Fünftel anzutreffen, aber nur 0.6 Prozent schaffen es 10 Jahre lang im obersten Prozent zu bleiben. Reich sein ist also kein Dauerzustand: 1992 bis 2009 gehörten gemäss einer Auswertung des Finanzministeriums 3869 Steuerpflichtige zu den Top-400-Steuerzahlern in USA mit dem höchsten Einkommen. Nur 2 Prozent von ihnen schafften das 10 und mehr Jahre lang: »Dass jemand Jahrzehnte zur Spitze gehört, ist dagegen selten« (Eisenring 2014).

Ja, es trifft zu, dass ohne Kopfsteuer die grossen Steuerzahler mehr Einfluss auf den demokratischen Entscheidungsprozess erhalten. Was ist daran falsch oder ungerecht? Es darf sogar unterstellt werden, dass zumindest ein Teil der »Reichen« tendenziell eventuell sogar etwas intelligenter sind als die heute kaum Steuern zahlende Mehrheit der Stimmberechtigten. Auf dieser Basis ist man anzunehmen geneigt, dass die Entscheidungen intelligenter ausfallen könnten als im bisherigen System. Schliesslich ist auch darauf hinzuweisen, dass der indirekte, korruptionsverdächtige Einfluss via Partei- oder Wahlspenden vermutlich an Reiz verlieren würde, da die »Reichen« gemäss ihrem Steueranteil mitbestimmen, was wohl die kostengünstigere, effektivere und transparentere Mitbestimmung garantieren würde.

Die Koordination von Steuern und Stimmrecht sollte im Übrigen auch auf all jene ausgedehnt werden, die heute direkt vom Staat Lohn beziehen oder von staatlichen Leistungen kraft gesetzlicher

Vorgaben profitieren. Damit würde die Ausstandsregelung in eigenen Angelegenheiten auch auf der Ebene des Souveräns verwirklicht. Gleichzeitig sollten die Staatsbediensteten von der Steuerpflicht befreit und die Löhne entsprechend korrigiert werden. Mit dieser Regelung würden der Einfluss und das Interesse jener Bevölkerungsgruppen ausgeschaltet, die logischerweise für den Ausbau staatlicher Leistungen, Dienste und Angebote sowie höhere Steuern eintreten, weil sie direkt davon abhängig sind. Ohne Steuerbelastung verlieren sie beim gewichteten Stimmrecht den Einfluss, der heute mit für das Wachstum des Staatsanteils am BIP massgeblich verantwortlich ist (Hoppe 2003, S. 210–211) und (Blankart 2014).

5.5.3 Auswirkungen

Es stellt sich natürlich die Frage, wie sich ein proportionales Stimmrecht auf die politischen Entscheidungen auswirken würde. Antwort: Das spielt überhaupt keine Rolle. Es geht um das generell-abstrakte Prinzip – und genau darum eignet sich dieses als rechtliche Grundlage. Gesetze sollten gerade diesen Anspruch erfüllen. Sie sollen eine generelle Regel aufstellen, die für alle und für alle Fälle gilt. Sie sollen abstrakt sein, also unabhängig vom Resultat in der Realität. Das proportionale Stimmrecht lässt sich sehr einfach generell auf alle Steuerpflichtigen anwenden. Es ist auch völlig abstrakt, denn die Stimmgewichtung wiederum hängt einzig davon ab, wieviel Steuern

Teil III:Alternative

ein Stimmberechtigter bezahlt. Deshalb hätte das Proportionalwahlrecht durchaus gute Chancen realisiert zu werden, stellt doch Michael Hermann fest: »Volksmehrheiten lassen sich wesentlich leichter für das abstrakte Prinzip (…) gewinnen, als für konkrete Einschnitte in den Wohlfahrtsstaat« (Michael Hermann 2015).

Das Proportionalstimmrecht ist eine Verbesserung des demokratischen Entscheidungsverfahrens in Bezug auf Leistung des Einzelnen für die Allgemeinheit und seinen Einfluss auf staatliches Wirken. Das Mehrheitsprinzip fragt auch nicht danach, was bei diesem Verfahren am Schluss als faktisches Resultat, als Abstimmungs- oder Wahlergebnis resultiert. Werden höhere oder tiefere Steuern beschlossen? Wird der Bezug der Altersrente absolut oder relativ zur Lebenserwartung festgelegt? Beschliesst man einen Staatsvertrag oder lehnt man ihn ab? Die Stimmgewichtung bewirkt bei der Methodik der Selbstregierung nur eine gerechtere Verteilung der Macht und des Mitbestimmungsrechtes im Verhältnis zum Beitrag, den jemand zu Gunsten der Allgemeinheit via Steuern leistet. Das Resultat des demokratischen Entscheidungsverfahrens bleibt genau gleich offen wie beim heutigen Prinzip, bei dem jeder Stimmberechtigte eine Stimme hat.

Von Interesse ist natürlich auch die Frage, ob juristische Personen (Unternehmen, steuerzahlende Vereine etc.) als Steuerzahlende

Gewichtetes Stimmrecht, Steuerstimmrecht oder Proportionalstimmrecht

ebenfalls ein Stimmrecht erhalten sollen. Verwandt ist diese Frage mit dem Stimmrecht von Geschäftsinhabern in australischen Städten (Gmür 2014), deren Einfluss aus politischen Gründen gestärkt werden soll. Auch das ist eine typische Abstraktion, die sich ideal für eine generelle Reglung via Verfassung oder Gesetz eignet. Soll der Einfluss der Wirtschaft, der Unternehmen auf die staatlichen Entscheidungen und Aufgaben gestärkt werden oder nicht? Weshalb sollen Steuer zahlende Unternehmen, generell juristische Personen, nicht über deren Verwendung mit entscheiden. Wer dann den entsprechenden Wahl- oder Stimmzettel ausfüllt, kann via Obligationenrecht vorgeschrieben werden oder den Statuten des Unternehmens überlassen werden. Das Prinzip des gewichteten Stimmrechts spricht für diese demokratische Erweiterung – genauso gut kann der Einfluss der »Wirtschaft« dadurch minimiert oder ausgeschlossen werden, indem Unternehmen keine Steuern zahlen oder das politische Stimmrecht (wie heute) auf natürliche Personen beschränkt wird.

6

Aspekte in der Zukunft

> Irgendwo müssen neue Ansichten
> zuerst auftreten, bevor sie die Ansichten
> der Mehrheit werden können.
> **(Friedrich A. von Hayek)**

Das hier vorgeschlagene Proportionalstimmrecht ist ebenso einleuchtend und einfach wie es fundamental und frontal gegen die heutige Rechtsvorstellung verstösst, die als politisches Recht jeder Person eine Stimme zuteilt und das als rechtsgleich darstellt oder einschätzt. Das Proportionalstimmrecht steht also im fundamentalen Widerspruch zum heutigen demokratischen Dogma, dass jeder Person genau eine Stimme zukommt, nennen wir es deshalb das Personenstimmrecht zur Unterscheidung vom

Proportionalwahlrecht. Diese Einschätzung soll aber nicht daran hindern, das Konzept hierzu präsentieren: »Irgendwo müssen neue Ansichten zuerst auftreten, bevor sie die Ansichten der Mehrheit werden können« (Hayek, Friedrich A. von 1983, S. 134). Im Sinn von Gottfried Schatz handelt es sich um Wissenschaft: Sie stiftet kreative Unruhe, missachtet Dogmen und verunsichert wie innovative Kunst: »Es braucht Menschen, die sehen was jeder sieht, dabei aber denken, was noch niemand gedacht hat. (…) Unsere Schulen und Universitäten (…) ersticken dabei oft das unabhängige, kritisch Denken - also die Wissenschaft« (Schatz 2015).

Was bedeutet das? Wir stehen vor einem Dilemma, da beide Paradigma, Proportionalstimmrecht und Personenstimmrecht, ein gewisses Mass an Logik aufweisen und daher Gründe für und gegen beide vorgebracht werden können. Thomas S. Kur hat sich mit der Struktur wissenschaftlicher Revolutionen befasst und kommt zum Schluss, dass verschiedene Gruppierungen je ihr eigenes Paradigma verwenden. Faktisch entscheide dann die Mehrheit, welche Idee im Fall eines Dilemmas bevorzugt wird: »Wie bei politischen Revolutionen gibt es auch bei der Wahl eines Paradigmas keine höhere Norm als die Billigung durch die jeweilige Gemeinschaft« (Kuhr 1969, S. 106). Er macht hier auch den Bezug von Wissenschaft zur Politik, was für unseren Fall bedeutet, dass schlussendlich die

Aspekte in der Zukunft

Gemeinschaft über die Frage entscheiden wird, ob Personalstimmrecht oder Proportionalstimmrecht die zukunftsträchtigere Lösung sein wird.

Bisher verkörpert die hier vorgelegte Analyse nur eine Stimme, die für eine grundlegende Veränderung des demokratischen Grundprinzips plädiert. Bis aus dieser Stimme eine Mehrheit von Stimmen wird, bis diese dogmatische Änderung von einer Gemeinschaft getragen wird, dürfte es Jahrzehnte, wenn nicht Jahrhunderte dauern. Nichtsdestotrotz können demokratische Staaten nicht darauf verzichten, ihr System der Mitbestimmung zu verbessern und anzupassen, auch wenn einzelne von ihnen seit über 100 Jahren in den Grundlagen praktisch unverändert bestehen. Selbst für die USA als eine der ältesten Demokratien der Welt ist das eine Herausforderung (Dahl et al. 2003, S. 38). Man denke nur an das Debakel bei der Auswertung der Präsidentschaftswahl 2000. Dabei ist also nicht nur an technische Entwicklungen zu denken, die im Rahmen der digitalen Revolution für zuverlässigere Methoden der Auszählung sorgen werden.

Erstaunlicherweise befasst sich demokratische Forschung kaum mit der zentralen Grundlage der demokratischen Methode als Selbstregierung: Also der Frage, warum die politischen Rechte nach der Kopfmethode verteilt werden, und ob das unter dem Aspekt der

Gerechtigkeit begründbar und heute noch vertretbar ist. Sollte diese Idee über die hier verwendete Literatur hinaus bereits vertiefter behandelt worden sein, dann sind entsprechende Rückmeldungen und Anregungen beim Autor höchst willkommen. Er lässt sich gerne davon überzeugen, dass diese Idee schon vor dieser Studie publiziert wurde. Im Zeitalter von Big data und digitalem Datenmeer ist heute nicht mehr zweifelsfrei zu belegen, dass etwas völlig neu und ursprünglich ist. Weil mit dem gewichteten Stimmrecht die Demokratie auf eine neue Basis gestellt wird, kann allerdings davon ausgegangen werden, dass im universitären Bereich kaum eine derartige Vorstellung entwickelt wird, weil das den Erkenntnissen der Wissenschaftstheorie widerspricht: »Bildungsstätten wie die Universitäten verbleiben weitgehend in den Händen der Dogmatiker, weshalb die meisten geistigen Errungenschaften unabhängigen Gelehrten zu verdanken sind« (Russell 1951, S. 126).

6.1 Potentielle Reaktion

Das Proportionalwahlrecht darf mit zwei sehr gegensätzlichen Reaktionen rechnen: Totale Ablehnung und Totschweigen. Die totale Ablehnung ist leicht zu verstehen, denn die Idee prallt auf ein verfestigtes Dogma. Eine Person, eine Stimme – das ist absolute Gerechtigkeit im besten Sinn des Wortes – absolutistisch wie die Könige in Frankreich: frei von jeder Bindung und Verantwortung;

Aspekte in der Zukunft

in keiner Relation zur Leistung des Staatsbürgers an den Staat. Da fangen wir nichts mehr Neues an – werden sich die Leute sagen. Das ist eine leicht verständliche Reaktion, die wohl auch zu emotionalen Ausbrüchen verleiten kann. Was steht noch dahinter? Es verbirgt sich, wohl unbewusst, in dieser Reaktion auch die Tatsache, dass die Mehrheit vom heutigen demokratischen und defizitären System profitiert.

Es ist eine Mehrheit, die davon profitiert, dass eine »reiche« Minderheit den Grossteil der Staatskosten finanziert: »Die Elite, besonders wenn sie ihre politische Macht bedroht sieht, bildet ein stärkeres Hindernis für Innovationen« (Acemoglu und Robinson 2013, S. P 3212). In diesem Fall handelt es sich nicht um eine Elite im Sinn einer kleinen, auserlesenen Gruppe. Die politische Macht wird aktuell von einer Mehrheit ausgeübt, die nicht für mehr als die Hälfte der Steuereinnahmen aufkommt. Als Elite im Sinn einer kleinen, auserwählten Gruppe kann nur die kleine Zahl von Profipolitikern gesehen werden, die sich dank des Systems von Wahlversprechen zu Gunsten der Mehrheit und zu Lasten der Minderheit, ein fast narrensicheres Perpetuum Mobile für die Wiederwahl gesichert hat.

Aber auch die grosse Mehrheit der Systemprofiteure spürt, dass ein Proportionalstimmrecht das heutige, unausgewogene System von Steuerlasten und Staatsleistungen zum Einsturz bringen könnte. Beleg dafür sind Online-Reaktionen auf einen Zeitungsbeitrag über den amerikanischen Milliardär Tom Perkins (Niederberger), der ein proportionales Wahlrecht – inklusive kein Wahlrecht für Nichtsteuerzahler – vorgeschlagen hat: »Aussagen, wie Perkins sie macht, sind eine Schande. Solche Leute belasten eine Gesellschaft enorm«. Eine Aussage, die mit 233:23 Stimmen zehnmal mehr Zustimmung wie Ablehnung erntete. Perkins zahlt vermutlich Millionen an Steuern – wie genau belastet er dabei die Gesellschaft? Ein anderer Kommentar: »Tatsache ist aber, dass es für jeden Reichen mehrere 100000 ‚Normale' gibt, die genauso intelligent sind und genauso viel ja oft sogar mehr arbeiten.« Auch diese Aussage findet zehnmal mehr Zustimmung wie Ablehnung; wobei sie auch dazu verwendet werden könnte, das Stimmrecht in Abhängigkeit des Intelligenzquotienten zu bemessen oder dafür die Zahl der gearbeiteten Stunden als Basis zu verwenden. Dreissigfache Zustimmung erntete diese, abschliessend zitierte Online-Stimme: »So ein richtiges Prachtexemplar des Neofeudalisten. Was für eine ekelhafte Gesinnung.«

Es ist natürlich wesentlich einfacher, sich polemisch und abqualifizierend zu andern Meinungen zu äussern, als sich inhaltlich damit zu beschäftigen und argumentativ das eigene Dogma zu verteidigen. Abweichende Vorstellungen werden wie im Fall des in Australien diskutierten Wahlrechtes für Geschäftsinhaber ohne Wohnsitz mit der Abqualifizierung »undemokratisch« (Gmür 2014) unschädlich gemacht. Was genau ist an der Idee undemokratisch? Zur Demokratie gehört immer die (willkürliche) Festlegung, wer zu einer Frage oder in einem bestimmten geografischen Gebiet politische Mitbestimmungsrechte erhält oder wer dazu nicht berechtigt sein soll.

Angesichts dieser Verteidigungshaltung und der Aggressivität, mit der neue Ideen generell bekämpft werden, ist auch beim Proportionalwahlrecht mit Reaktionen zu rechnen. Was bei Sokrates der Schierlingsbecher, später die Verbannung, ist heute der mediale Pranger (Sarrazin, S. 14). Angesichts der um sich greifenden Tendenz, andere Meinungen oder Wertvorstellung mittels Shitstorm oder Terror aus der Welt zu schaffen, muss das Vertreten eines Proportionalstimmrechts durchaus mit ernsthaften Konsequenzen rechnen. Da kann nur mit dem Lutherzitat festgehalten werden: »Hier bin ich und kann nicht anders, Gott helfe mir, Amen.« Wem Gott kein Trost ist, kann sich bei Camus Mut holen: »Seinen Ursprüngen treu, beweist der Rebell durch sein Opfer, dass seine wahre Freiheit nicht in Hinsicht auf den Mord, sondern auf seinen eigenen Tod besteht« (Camus 1958, S. 307).

Die noch perfektere Totschlagmethode ist aber das Totschweigen. Denn sie ist völlig zuverlässig, hinterlässt keine blutigen Spuren und ist gefahrlos – fast gefahrlos: Insofern, als Ideen, wenn sie denn mal das Licht der Welt erblickt haben, Druckerschwärze sie auf weissem Papier verewigt oder in Form von Bits und Bytes digital-virtuell existiert, die Tendenz haben, dass sie nicht mehr so leicht zum Verschwinden zu bringen sind. Mit diesen Problemen kämpfen auch Diktaturen und Despoten, weil sich die Idee der Freiheit kaum ausrotten lässt, wenn sie sich mal in den Köpfen eingenistet hat. Die Idee des Proportionalstimmrechts lässt sich auch nicht patentieren und zu Geld machen. Sie soll ganz wertfrei zur Entwicklung der Demokratie beitragen – zum Vorteil aller dienen und die Demokratien dieser Welt inspirieren.

6.2 Historische Erfahrungen

Es gibt viele Beispiele in der Geschichte dafür, dass neue Erkenntnisse oder Ideen zuerst vehement abgelehnt wurden. Ihre Vertretung wurde mit Verachtung, Verbannung oder Vernichtung bestraft, weil sie die gängige Lehre und das vorherrschende Paradigma in Frage stellten: Giordano Bruno, der mit der Unendlichkeit des Weltraums das Jenseits »abschaffte«; Galileo Galilei, der als Gläubiger erfolglos die Kirche von ihrem falschen Weltbild mit der Erde als Mittelpunkt befreien wollte; Emile Zola, der einen französischen Justizskandal aufdeckte und von Paris nach London flüchten musste. James Watt verbesserte als Universitätsmechaniker die Dampfmaschine, welche die Professoren nicht mehr zum

Laufen brachten. Thomas S. Kur hat solche Paradigmenwechsel untersucht und festgestellt, dass die »normale« Wissenschaft sich gar nicht korrigieren könne, »sondern ein relativ plötzliches und ungegliedertes Ereignis gleich einem Gestaltwandel [ein Paradigma] beendet. Die Wissenschaftler sprechen dann oft von den Schuppen, die ihnen von den Augen fallen« (Kuhr 1969, S. 134).

Die Existenz eines Vorurteils wird erst erkannt, wenn man es losgeworden ist (Popper 1958, S. 271). So möchte sich der Basler Zoo auch nicht mehr daran erinnern, dass er einst schwarze Menschen in seinem Tierpark zur Schau gestellt. Eine Mehrheit der Männer scheint bemerkt zu haben, dass Frauen die gleichen politischen Rechte zukommen sollen. Die katholische Kirche lehnt die Idee der Menschenrechte auch nicht mehr als Gotteslästerung ab. All diese Phänomene lassen sich dadurch erklären, dass sich ein Paradigma oder Dogma so lange halten kann, als eine Mehrheit daran festhält. Vor allem aber neigen die herrschende Klasse und die einflussreiche Elite dazu, möglichst an der damit verbundenen Machtverteilung nichts zu ändern. Das berühmte Schauspiel »Der Stellvertreter« über den Papst während des zweiten Weltkrieges führt das in einem Dialog exemplarisch vor: Fontana (Vater von Riccardo): »Du Phantast, Riccardo! (…) Nein, seinen Auftrag kann der Papst nur erfüllen, solange er auf Seiten des Siegers steht. – Riccardo: Auf Seiten der Wahrheit! Fontana: Die Wahrheit ist beim Sieger...« (Hochhuth 1967, S. 85).

Die Frage ist, wer am Ende siegt. Nach dem Ende des 2. Weltkrieges stand der Papst dann auf der falschen Seite. Die heutige Konzeption der Menschenrechte entstand als Reaktion auf die Verbrechen des nationalsozialistischen Deutschlands. Aber erst nach vielen Jahrzehnten der Ablehnung, als die Mehrheit der Staaten sie anerkannten, gab auch der Vatikan seine Gegnerschaft auf. Eine vergleichbare Denkbarriere führt in Afrika dazu, dass sich keine auf Meinungsfreiheit und Pluralismus basierenden Demokratien entwickeln können: »Wie bei herrschenden Cliquen üblich, hatten diese Männer kein Interesse daran, eine Veränderung des verheerenden Status quo zuzulassen, der ihnen die Erfüllung ihrer persönlichen Interessen garantierte« (Annan et al. 2013, S. 218). Das Proportionalstimmrecht würde zweifellos die heutigen Machtverhältnisse verändern, weshalb die aktuellen politischen Kräfte sie entweder bekämpfen oder ignorieren dürften.

6.3 Szenarien zur Einführung

Es sind eigentlich zwei Szenarien denkbar, wie das Proportionalstimmrecht eingeführt werden könnte: ein ziviles und ein gewaltsames. Möglicherweise aber liegt die Wahrheit in der Mitte.

Aspekte in der Zukunft

Das zivile Verfahren müsste auf der Erkenntnis gründen, dass die Mehrheitsregel und das Personenstimmrecht überwunden werden müssen. Beide Prinzipien haben sich als Fortschritt in der Geschichte der Menschheit erwiesen, müssen aber verbessert werden. Es ist eine Diskrepanz zwischen Stimmrecht und Steuerleistung entstanden, was dem Prinzip der Gerechtigkeit widerspricht und den Bestand von Demokratien grundlegend gefährden kann: Personenstimmrecht und Mehrheitsregel führen Demokratien in ein defizitäres Elend, das sie in Frage stellt. Demokratie ist nicht ein gegebenes Konzept, das unveränderlich und unverbesserlich wäre. Im Gegenteil ist das für alle demokratischen Staaten eine Herausforderung, noch demokratischer zu werden (Dahl et al. 2003, S. 38).

Solche Entwicklungen verlangen Mut und Entscheidungskraft, die häufig bei grundsätzlichen Fragen fehlt oder für die sich kaum Mehrheiten finden lassen, weil nicht voraussehbar ist, wohin ein solcher Systemwechsel führt. Deshalb ist kaum zu erwarten, dass diejenigen, welche aktuell die Macht ausüben, daran ein Interesse haben könnten – so wenig, wie während Jahrhunderten die Männer an einem Frauenstimmrecht interessiert waren. In diesem Zusammenhang ist die interessante Frage aufzuwerfen, wer denn über ein Proportionalwahlrecht zu befinden hat. Die Mehrheit nach Personenwahlrecht? Also wie beim Frauenstimmrecht: Die Männer entscheiden darüber? Oder müsste hier das Stimmgewicht schon proportional zur Steuerleistung zugeteilt werden? Die heute von den »Reichen« profitierende Mehrheit beim Personenwahlrecht würde sich wohl schwer tun, diese Form der Selbstregierung zugunsten eines Systems zu verändern, das ihren Einfluss verändert und aller Voraussicht nach reduziert.

Es zeigt sich hier, was einleitend als schöpferischer Akt der Demokratie dargestellt wurde: Wer und welches Recht wem zusteht, ist eine Machtfrage. Offen ist, ob und wie die bisherige Macht, die das Dogma Personalstimmrecht verteidigt, abgelöst wird: Evolutionär als friedliche Entwicklung, die auf Einsicht beruht, oder ob die neue dogmatische Macht sich diese selber erobern und erkämpfen muss – also mit Gewalt. So wie sich die Bauern im späteren Staatsgebiet der Schweiz gegen Unterdrückung auflehnten und für eigene Rechte kämpften, analog müssten sich die »reichen« Steuerzahler nicht durch Wegzug, Steuervermeidung oder Steuerbetrug zur Wehr setzen – sondern beispielsweise mit einem Steuerstreik – analog zu den Restriktionen der Amerikaner gegenüber der Uno. Dabei handelt es sich wohl nicht um Steuern, aber um rechtlich geschuldete Beiträge. Selbstverständlich ist nach bestehender Rechtsordnung ein Steuerstreik rechtswidrig. Anders aber ist die bestehende Ordnung aufgrund von Personenstimmrecht und Mehrheitsregel kaum zu verändern: »Reiche« aller Klassen, vereinigt euch!

Aspekte in der Zukunft

Weder das zivile noch das gewaltsame Szenario scheinen allerdings realistisch. Wahrscheinlicher ist dagegen, dass die Menschheit eher aus Fehlern und Versagen lernt. »Solferino« hat die Gründung des Roten Kreuzes motiviert, der 1. Weltkrieg hat den Völkerbund hervorgebracht und der 2. Weltkrieg der Uno und ihrer Erklärung der Menschenrechte zum internationalen Durchbruch verholfen. Nach dem Zusammenbruch des sowjetischen Sozialismus deutet der Trend darauf hin, dass auch die westlichen (sozial-demokratischen) Wohlfahrtsstaaten vor einem Zusammenbruch stehen (Hoppe 2003, S. 213), weil sich die systembedingten politischen Versprechungen nicht mehr finanzieren lassen. Offenbar braucht es immer eine Katastrophe, um einer Erkenntnis Bahn zu verschaffen – diesmal der Logik, dass auf Dauer keine Politik mehr ausgeben kann, als sie einnimmt; beziehungsweise der Einsicht, dass der Kauf von Bürgerstimmen früher oder später in Form von Bürgerschulden von allen finanziert werden muss.

Vermutlich wird es auch in diesem Fall Jahrzehnte benötigen, bis sich für diese Erkenntnis eine breite Basis entwickelt. Das Beispiel Griechenland zeigt, dass es viel einfacher ist, eine andere Nation (Deutschland) für alle Unbill verantwortlich zu machen, als vor der eigenen Haustür zu wischen.

Teil III:Alternative

Die Emotionalität der Auseinandersetzung um griechische Staatsschulden und Kriegsentschädigung für nationalsozialistische Verwüstungen dokumentieren beispielhaft, wie explosiv solche Auseinandersetzungen sein können und wie schnell die Kommunikation vom Kampf abgelöst wird. Obwohl Krieg mehr Kosten und Leid verursacht, scheint er leider von einer Mehrheit der profanen, anständigen Arbeit vorgezogen zu werden: »Man wird ein Volk, das glaubt, durch Kriegführung leichter sein Brot erwerben zu können als durch Arbeit, schwer davon zu überzeugen vermögen, dass Unrecht dulden gottgefälliger sei als Unrecht tun« (Mises und Leube 2014, S. 124).

Genauso gut kann sich innernational ein Konflikt, ein Bürgerkrieg, entwickeln, weil in Aussicht gestellte Renten und andere Versprechen der Wohlfahrt ausbleiben und eine Gesellschaft ins wirtschaftliche Elend stürzt und die dafür verantwortliche politische Kaste gewaltsam zur Rechenschaft gezogen wird. Es braucht nur einen winzig kleinen Funken am Pulverfass, und eine nächste Katastrophe bedroht die Menschheit: »Wir können wieder zu Bestien werden. Aber wenn wir Menschen bleiben wollen, dann gibt es nur einen Weg, den Weg in die offene Gesellschaft. Wir müssen ins Unbekannte, ins Ungewisse, ins Unsichere weiterschreiten und die Vernunft, die uns gegeben ist, verwenden, um, so gut wir es eben können, für beides zu planen: nicht nur für

Sicherheit, sondern zugleich auch für Freiheit « (Popper 1980, S. 268).

6.4 Sinnvollere Entwicklungen

Wie dieser Weg sinnvoller gestaltet werden könnte, soll in diesem letzten Abschnitt dargestellt werden. Grundlegende Basis ist und bleibt ein Mentalitätswandel oder ein Paradigmenwechsel vom Personen- zum Proportionalwahlrecht. Ohne die Einsicht, dass der heutige demokratische Mechanismus nicht zukunftstauglich und gerechtigkeitswidrig ist, geht es nicht. Es muss die Bereitschaft entwickelt werden, das heutige System zu verändern und gerechter zu gestalten. Weil aber auch dann ein grosser Schritt nötig ist, könnte allenfalls ein versuchsartiges und/oder schrittweises Vorgehen eine friedliche Einführung begünstigen. So wäre es vorstellbar, das Proportionalwahlrecht ohne Rechtswirkung versuchsweise parallel zum Personalwahlrecht einzuführen. Damit liessen sich Erkenntnisse darüber gewinnen, welche Veränderungen daraus bei Wahlen oder Abstimmungen resultieren würden. Das könnte zu spannenden Resultaten führen, welche selbstverständlich für den weiteren Prozess Auswirkungen hätten.

In einem zweiten Schritt wäre es denkbar, dass beide Verfahren gemeinsam Rechtswirkungen erzeugen würden. Bei Abstimmungen

Teil III:Alternative

wäre das relativ einfach zu bewältigen, indem Vorlagen nur als beschlossen gelten, wenn nach Personal- wie Proportionalstimmrecht eine zustimmende Mehrheit resultiert. Eine vergleichbare doppelte Zustimmung stellt in der Schweiz die Hürde von Stände- und Volksmehr bei Verfassungsänderungen dar: Es muss eine Mehrheit aller Teilnehmenden zustimmen, aber auch mehr als die Hälfte der Kantone, die jeweils eine Stimme haben (Halbkantone: halbe Stimme). Das doppelte Mehr von Personal- und Proportionalstimmrecht könnte sich dabei durchaus als dauerhafte Lösung etablieren. Es würde den bisherigen Vorstellungen politischer Rechtsgleichheit (eine Stimme pro Person) als auch der Weiterentwicklung in Form des Proportionalstimmrechtes Rechnung tragen und in Bezug auf steuerliche Belastung den gerechteren Ansatz darstellen. Bei Wahlen wäre es denkbar, wenn den Kandidierenden von beiden Verfahren die entsprechenden Resultate kumulativ angerechnet würden. Vorstellbar wäre auch ein Modell wie bei der Wahl des deutschen Bundestages, bei dem je ein Anteil der Sitze aufgrund der beiden Verfahren verteilt würde.

In einer dritten Phase könnte schliesslich das Proportionalwahlrecht als einzige Methode das bisherige Personenwahlrecht ablösen. Basis dafür wäre wohl die Erkenntnis, dass dieses Verfahren zu langfristig stabileren Verhältnissen führt und die Neigung der Mehrheitsentscheidung zu nicht finanzierbaren Staatsaufgaben vermeidet. Die Einführung liesse sich etappenweise gestalten, um mit dem dafür nötigen System Erfahrungen zu sammeln und es aufzubauen. In einer ersten Etappe könnten nur alle direkten Steuern erfasst und das entsprechende Stimmgewicht den steuerzahlenden Bürgern zugeordnet werden. In einer zweiten Phase wären dann die indirekten Steuern zusätzlich zu erheben und als 3. Phase würden versteckte Abgaben und Steuern erfasst, wie sie u.a. im Sozialversicherungsbereich existieren. Damit liesse sich stufenweise mehr steuerabhängige Mitbestimmungsgerechtigkeit erzielen – eine Vorstellung, die den heutigen Parteien und ihrem Klientelsystem ein Graus sein dürfte. Es ist deshalb kaum damit zu rechnen, dass sie diese Methodik aufnehmen werden – dazu braucht es wohl einen »bunten Haufen als repräsentativen Querschnitt der Gesellschaft: Der neue Anarchismus ist ein bürgerlich demokratischer, ein Aufstand der Selbsthelfer gegen die politische Entmündigung durch das Kartell der Parteien« (Rietzschel 2014, S. 166).

6.5 Rück- und Ausblick

Am Anfang dieses Manifestes stand ganz einfach die Frage, wie Demokratie funktioniert. Das Wort »demokratisch« übt aktuell eine Faszination aus, strahlt positive Energie aus und kann für fast jeden Aspekt als Schlagwort benutzt werden. Wer aber da etwas auf den Putz haut, stellt sehr schnell fest, dass darunter ein altes Mauerwerk zum Vorschein kommt, dessen statische Standfestigkeit zweifelhaft ist. Da nützt es nichts, auf die über 2000 Jahre demokratischer Tradition zu pochen. Fakt ist, dass Demokratie als Selbstregierung einer Gesellschaft auf einem sehr zweifelhaften Fundament steht. Mathematisch gesehen ist Demokratie eigentlich gar nicht möglich; nach der ökonomischen Theorie ist es denkbar, dass auch bei grosser Personenzahl einstimmige Entscheide zustande kommen; rechtsstaatlich haben sich direkte und indirekte Demokratien mit Mehrheitsentscheiden, allenfalls qualifiziertem Mehr, etabliert. Das täuscht aber darüber hinweg, dass die Grundordnung einer jeden Demokratie einen schöpferischen Akt darstellt, der willkürlich ist. Das Wort Willkür muss nicht negativ verstanden werden: Es wurde auf irgendeine Weise ein Wille gebildet (erkoren), wie das Volk seine Selbstherrschaft ausüben soll.

Erstaunlicherweise scheint sich die rechtswissenschaftliche, soziologische, ökonomische und politologische Literatur und Forschung kaum mit dem zentralen Mechanismus zu beschäftigen, wie denn dieses System zu Entscheidungen gelangt. Es kann nur vermutet werden, warum dem so ist. Die zentralen Institutionen in diesen Disziplinen, die Universitäten, werden meist staatlich finanziert. Denn es ist kaum erwünscht, dass die Entscheidungsmechanismen

Aspekte in der Zukunft

hinterfragt werden, die dafür sorgen, dass Universitäten finanziert und Lehrstühle besetzt werden. Auch in diesem Fall gilt, dass der Bezahler einer Studie oder Leistung auch dessen Ergebnisse beeinflusst: »Die Wahrheit führt nicht zu Ansehen und Reichtum, und das Volk hat weder Gesandtschaften noch Lehrstühle noch Gnadengehälter zu vergeben« (Rousseau 1946, S. 34).

Das Studium der Literatur zur demokratischen Abstimmungsmethodik hat zur Erkenntnis geführt, dass die Entkoppelung von staatlichen Aufgaben und deren Finanzierung eine der Ursachen für die finanziell defizitäre bis bedrohliche Lage vieler Demokratien ist. Das wäre noch kein Grund, das Personenstimmrecht zu hinterfragen. In Verbindung mit der progressiven Besteuerung zeigt sich aber, dass die Waage zwischen Pflichten und Rechten immer stärker aus dem Gleichgewicht gerät. Das hier vorgeschlagene Proportionalwahlrecht ist im Verlauf der Beschäftigung mit diesen Fragen entstanden. Ein Konzept, das Bestehendes fundamental in Frage stellt, und von der heute herrschenden Mehrheit der »Wenigsteuerzahler und Vielprofitierer« kaum begrüsst werden dürfte. Weil das Konzept aber eine überzeugendere und gerechtere Zuteilung von Rechten und Pflichten vorsieht, hat es gute Aussichten, die Diskussion um die Demokratie zu beleben, die sich aktuell eher mit Nebenschauplätzen beschäftigt. Damit würde der Kern des demokratischen Entscheidungsverfahrens zum Thema gemacht.

7

Literaturverzeichnis

Angaben: S = Seite (gedruckte Werke), P = Position (elektronische Werke)

Acemoglu, Daron; Robinson, James A. (2013): Warum Nationen scheitern. Die Ursprünge von Macht, Wohlstand und Armut. Franfurt a.M.

Ackermann, Ulrike (2011): Paternalismus und Ökodiktatur. In: *Neue Zürcher Zeitung*, 19.09.2011, S. 33.

Annan, Kofi A.; Mousavizadeh, Nader; Schmidt, Klaus-Dieter (2013): Ein Leben in Krieg und Frieden. 1. Aufl. München: Dt. Verl.-Anst.

Balinski, Michel Louis (1982): Fair representation. New Haven: Yale University Press.

BDS Frauenfeld, Medienmitteilung: Mehrheit spricht sich für Lohninitiative aus. Online verfügbar unter http://www.bds-frauenfeld.ch/2013/11/24/mehrheit-spricht-sich-fuer-lohninitiative-aus/.

Teil III:Alternative

Blair, Tony (2010): Mein Weg. Unter Mitarbeit von Norbert Juraschitz, Dagmar Mallett, Helmut Dierlamm, Stephan Gebauer und Heike Schlatterer. München: E-Books der Verlagsgruppe Random House GmbH.

Blankart, Charles B. (2014): Ökonomie im Politik-Rahmen. In: *Neue Zürcher Zeitung*, 07.11.2014, S. 27.

Blatter, Joachim (2011): Demokratie - republikanische und liberale Sicht. In: *Neue Zürcher Zeitung*, 22.10.2011, S. 19.

Böckenförde, Ernst-Wolfgang (1983): Demokratie und Repräsentation. zur Kritik d. heutigen Demokratiediskussion / Ernst-Wolfgang Böckenförde. [Hrsg. von d. Niedersächs. Landeszentrale für Polit. Bildung]. [Hannover]: Niedersächs. Landeszentrale für Polit. Bildung.

Bonner, Bill (2011): Die Lektion lautet: Du weisst nichts. In: *Schweizer Monat* (Oktober).

Borner, Silvio (2013): Private und öffentliche Schulden. In: *Weltwoche* (9), S. 14.

Bressar, Pierre (2014): Die messbare Belastung durch das Gewicht des Staates. In: *Perspektiven* 2014 (2).

Brown, Dan (2009): The lost symbol. London: Bantam Press.

Buchanan, James M.; Tullock, Gordon (1987): The Calculus of consent. Logical foundations of constitutional democracy / James M. Buchanan, Gordon Tullock. Michigan: Ann Arbor Paperbacks.

Literaturverzeichnis

Camus, Albert (1958): Der Mensch in der Revolte. Essays. Unter Mitarbeit von Justus Streller. 30. Aufl. Reinbek bei Hamburg: Rowohlt-Taschenbuch-Verl. (Rororo, 22193).
Christophersen, Claas (2009): Kritik der transnationalen Gewalt. Souveränität, Menschenrechte und Demokratie im Übergang zur Weltgesellschaft. Bielefeld: Transcript (Global studies).
Cohen, Leonard: Democrazy.
Collier, Paul: Der Collier-Plan. In: *Weltwoche* 2015 (17), S. 24–25.
Dahl, Robert A.; Shapiro, Ian; Cheibub, José Antônio (2003): The democracy sourcebook. Cambridge, Mass.: MIT Press.
Die Reform der Vereinten Nationen. Möglichkeiten und Grenzen ; Referate und Diskussionsbeiträge eines Symposiums des Instituts für. (1989). Berlin: Duncker & Humblot (Veröffentlichungen des Instituts für Internationales Recht an der Universität Kiel, 106).
Dobelli, Rolf (2011): Steinzeitgehirne. In: *Schweizer Monat* (November).
Drucker, Peter F. (2010): Ursprünge des Totalitarismus. Das Ende des Homo Oeconomicus. Wien [u.a.]: Karolinger Verlag.
Ehrlich, Eugen (1913): Grundlegung der Soziologie des Rechts. München und Leipzig: Duncker & Humblot.
Eichenberger, Reiner: Bessere Politik für die Schweiz. Fünf Reformvorschläge für mehr Effizienz und weniger Sonderinteressen. In: *Schweizer Monatshefte* 2010 (980), S. 30–33.

Eisenring, Christoph: Die Privatsphäre erodiert. In: *Neue Zürcher Zeitung* (30. Oktober 2014), S. 26.

Eisenring, Christoph (2014): Flirt mit dem reichsten Prozent. In: *Neue Zürcher Zeitung*, 28.05.2014, S. 27.

Enzensberger, Hans Magnus (2011): Vom sanften Monster. In: *Schweizer Monat* (September).

Ermacora, Felix (1958): Einleitung. In: Alexander Hamilton, Madison, James und John Jay (Hg.): Der Föderalist. Wien.

Fischer, Peter A. (2011): Demokratie, Markt und Mass auf dem Prüfstand. In: *Neue Zürcher Zeitung*, 31.12.2011, S. 23.

Fischer, Rainald; Schläpfer, Walter; Stark, Franz: Appenzeller Geschichte. Das ungeteilte Land (Von der Urzeit bis 1597). Unter Mitarbeit von Hermann Grosser und Johannes Gisler. Appenzell und Stein.

Fischer, Theo (2005): Wu wei. Die Lebenskunst des Tao. Neuausg. Reinbek bei Hamburg: Rowohlt-Taschenbuch-Verl. (Rororo, 61980 : Sachbuch).

Franck, Georg (2012): Was ist das: eine freie Gesellschaft? In: *Neue Zürcher Zeitung* 2012, 24.11.2012, S. 59.

Frey, Bruno S. (2014): Wie vertragen sich direkte Demokratie und Wirtschaft? In: *Neue Zürcher Zeitung*, 19.03.2014, S. 29.

Fukuyama, Francis (2015): Steht am «Ende der Geschichte» noch immer die Demokratie? In: *Schweiz am Sonntag*, 04.01.2015, S. 14–15.

Literaturverzeichnis

Gmür, Heidi (2014): Ein undemokratischer Plan für Sydney. Wahlrecht für Firmen. In: *Neue Zürcher Zeitung*, 17.09.2014. Online verfügbar unter nzz.ch.

Grubenmann, Albert (1977): Sturmflut der Freiheit. Herisau/Trogen.

Gygi, Beat (2013): Durch Zentralisierung aus der Verantwortung. In: *Neue Zürcher Zeitung* 2013, 30.03.2013, S. 25.

Gygi, Beat (2015a): Mehr Staat in Zahlen. In: *Weltwoche* 2015 (9), S. 26–27.

Gygi, Beat (2015b): Tyrannei der Wenigzahler. In: *Weltwoche* (15), S. 34–35.

Habermas, Jürgen (2012): Wie viel Religion verträgt der liberale Staat. In: *Neue Zürcher Zeitung*, 04.08.2012.

Haldenbühl, Kaspar (undatiert): Unveröffentlichtes Manuskript, Gossau ca. 1965)

Hamilton, Alexander; Madison; James; Jay, John (Hg.) (1958): Der Föderalist. Wien.

Hank, Rainer (2012): Die Pleite-Republik. München.

Hayek, Friedrich A. von (1952): Die Ungerechtigkeit der Steuerprogression. In: *Schweizer Monatshefte* (November), S. 508ff.

Hayek, Friedrich A. von (1983): Die Verfassung der Freiheit. 2., durchgesehene Aufl. Tübingen: J.C.B. Mohr (P. Siebeck) (Wirtschaftswissenschaftliche und wirtschaftsrechtliche Untersuchungen, 7).

Hersch, Jeanne; Weber, Monika; Pieper, Annemarie (2010): Erlebte Zeit. Menschsein im Hier und Jetzt. 2. Aufl. Zürich: Verlag Neue Zürcher Zeitung.

Hesse, Hermann; Michels, Volker (1977): Politik des Gewissens. Die politischen Schriften. Frankfurt am Main: Suhrkamp (656).

Hochhuth, Rolf (1967): Der Stellvertreter. Ein christliches Trauerspiel. Reinbek bei Hamburg: Rowohlt.

Holenstein, Rolf (2009): Ochsenbein - Erfinder der modernen Schweiz. Basel.

Hoppe, Hans-Hermann (2003): Demokratie: Der Gott, der keiner ist. Monarchie, Demokratie und natürliche Ordnung. Waltrop, Germany: Thomas Hoof KG.

Hoppe, Hans-Hermann (2010): Hans-Hermann Hoppe im Gespräch. In: *Schweizer Monatshefte*, 12.2010 (Nr. 982).

Horn, Karen Ilse (2013a): Hayek für jedermann. Die Kräfte der spontanen Ordnung: FAZ Institut.

Horn, Karen Ilse (2013b): Wo der Hammer hängt. In: *Schweizer Monat* (November).

Horn, Karen Ilse (2013c): Recht pflegen statt Gesetze machen. In: *Neue Zürcher Zeitung*, 07.09.2013.

Hübel, Elisa (2015): «Grexit» ist in aller Munde. In: *Neue Zürcher Zeitung*, 06.01.2015, S. 1.

Literaturverzeichnis

Hummler, Konrad (2014). In: *Bergsicht* (6).

Kappeler, Beat: Wie das Problem der kurzen Haltedauer von börsenkotierten Aktien gelöst werden kann. In: *NZZ am Sonntag* (8.9.2013), S. 35.

Kappeler, Beat (2014a): Wenn der Kipp-Effekt die Demokratien blockiert. In: *NZZ am Sonntag*, 06.04.2014, S. 33.

Kappeler, Beat (2014b): Die Mehrheit der Kantone beutet die zahlende Minderheit aus. In: *Neue Zürcher Zeitung*, 13.04.2014, S. 31.

Kielmansegg, Peter (2013): Die Grammatik der Freiheit. Acht Versuche über den demokratischen Verfassungsstaat. Baden-Baden: Nomos.

Köppel, Roger (2015): Der mutige Schweizer. In: *Weltwoche* (9), S. 12–14.

Kriesi, Hanspeter; Müller, Lars (Hg.) (2013): Herausforderung Demokratie. Zürich.

Kriesi, Hanspeter; Bochsler, Daniel (2013): Ein langer Weg. In: Hanspeter Kriesi und Lars Müller (Hg.): Herausforderung Demokratie. Zürich.

Kuhr, Thomas S. (1969): Die Struktur wissenschaftlicher Revolutionen. 2. Aufl. Franfurt a.M.

Ladenthin, Volker (2012): Demokratie braucht Bildung. In: *Neue Zürcher Zeitung*, 05.03.2012, S. 19.

Leuenberger, Moritz (2015): Von der Idealisierung zur Ernüchterung. In: *Neue Zürcher Zeitung*, 09.03.2015, S. 17.

Locher, Hans Ulrich (2011): Menschenrechte: Kommunikation und Lebendes Recht, Duncker & Humblot, Berlin

Maissen, Thomas (2015): Fakten und Fiktionen, Mythen und Lektionen. In: *Neue Zürcher Zeitung*, 03.01.2015, S. 55.

Meier, Christian (2012): Kann es das geben, Volksherrschaft? Die ‚alten' Griechen und das heutige Europa. In: *Neue Zürcher Zeitung*, 04.05.2012, S. 12.

Merkel, Wolfgang (2013): Herrschaft des Volkes. In: Hanspeter Kriesi und Lars Müller (Hg.): Herausforderung Demokratie. Zürich.

Michael Hermann (2015): Reformbremse Demokratie. In: *Neue Zürcher Zeitung*, 10.03.2015, S. 13.

Mill, John Stuart (1971): Betrachtungen über die repräsentative Demokratie (Considerations on representative Goverment, 1861). Paderborn: Ferdinand Schöningh.

Mises, Ludwig von; Leube, Kurt R. (2014): Nation, Staat und Wirtschaft. Beiträge zur Politik und Geschichte der Zeit. 3. Aufl. = Repr. der Orig.-Ausg. Wien, Leipzig, Manz, 1919. Flörsheim: Buchausgabe.de (Studien zur Wirtschafts- und Gesellschaftsordnung, 1).

Model, Daniel (2010): Vom Geben und Wegnehmen. In: *Schweizer Monatshefte*, September/Oktober 2010 (980), S. 42–44.

Moeckli, Silvano (2013): Direkte Demokratie. Zürich.

Müller, Jan-Werner (2011): Kampf um die Demokratie. In: *Neue Zürcher Zeitung*, 01.10.2011, S. 69.

Mundt, Christian: Steuerhölle Schweiz. In: *Weltwoche* 2014 (7).

Nef, Robert: Das Mehrheitsprinzip – Bedrohung oder Hort der Freiheit? Eine Anklage und eine Verteidigung und einige Zeugeneinvernahmen. Online verfügbar unter http://www.hayek.de/images/pdf/nef_vortrag_freiburg.pdf, zuletzt geprüft am 11.05.2015.

Nef, Robert (2015): Gegen den Vorrang der Politik. In: *Neue Zürcher Zeitung*, 14.01.2015, S. 21.

Niederberger, Walter: Der beleidigte Milliardär und die isolierte Geldelite. In: *Tages Anzeiger, Zürich* (13.03.2014).

Popper, Karl Raimund (1958): Die offene Gesellschaft und ihre Feinde. Bern: Mohr Siebeck (Bd. 2).

Popper, Karl Raimund (1980): Die offene Gesellschaft und ihre Feinde. München: Mohr Siebeck (Bd. 1).

Riecker, Joachim (2015): Die deutsche FDP versucht einen Neuanfang. In: *Neue Zürcher Zeitung*, 07.01.2015, S. 3.

Rietzschel, Thomas (2014): Geplünderte Demokratie. Die Geschäfte des politischen Kartells. Wien: Zsolnay, Paul.

Roth, Gerhard (2011): Bildung braucht Persönlichkeit. Wie Lernen gelingt. Stuttgart: Klett-Cotta.

Rousseau, Jean-Jacques (1946): Der Gesellschaftsvertrag. Zürich.

Ruf, Renzo (2014): Reiche Amerikaner kaufen sich die Demokratie, 04.04.2014, S. 7.

Russell, Bertrand (1951): Unpopuläre Betrachtungen. Zürich, Wien, Konstanz.

Sarrazin, Thilo: Der neue Tugendterror. Über die Grenzen der Meinungsfreiheit in Deutschland. 4. Auflage.

Schatz, Gottfried (2015): Echte Bildung anstatt nur Wissensvermittlung. In: *Neue Zürcher Zeitung*, 17.04.2015, S. 49.

Schüssel, Wolfgang (2013): Jagd auf Reiche eröffnet. In: *Neue Zürcher Zeitung*, 27.02.2013, S. 22.

Sen, Amartya Kumar (2010): Die Idee der Gerechtigkeit. 1. Aufl. München: Beck.

Sinn, Hans-Werner (2014): -. In: *Weltwoche* (51/52).

Spillmann, Markus: Stabilität wird zur Ausnahme. In: *Neue Zürcher Zeitung* 2013 (27.2.2013).

Stephan, Cora (2012): Was war das noch mal - der Liberalismus? In: *Neue Zürcher Zeitung*, 29.12.2012, S. 21.

Surowiecki, James (2004): Die Weisheit der Vielen. München.

Szpiro, George G. (2011): Die verflixte Mathematik der Demokratie. Zürich: NZZ-Verlag.

Urs Rauber (2015): Politiker überschätzen ihr Wissen gewaltig. In: *NZZ am Sonntag, Buchbeilage*, 29.03.2015, S. 26.

Voigt, Rüdiger (Hg.) (2010): Handbuch Staatsdenker. Stuttgart: Steiner (Rechtsphilosophie).

Wenzel, Uwe Justus (2011): Europäische Doppelbürgerschaft. In: *Neue Zürcher Zeitung*, 15.11.2011, S. 45.

Wikipedia (Hg.) (2015): Frauenwahlrecht. Online verfügbar unter http://de.wikipedia.org/w/index.php?oldid=137467864, zuletzt aktualisiert am 05.01.2015, zuletzt geprüft am 30.01. 2015.

Die vorliegende Analyse charakterisiert das heutige allgemeine Stimmrecht als Dogma, das einen grossen Fortschritt in der Entwicklung demokratischer Entscheidungs- und Mitwirkungsverfahren dargestellt hat. Zusammen mit dem Mehrheitsprinzip bei Wahlen und Abstimmungen führt es aber dazu, dass Demokratien immer grössere und existenzgefährdende Defizite akkumulieren.

Die Entwicklung scheint systembedingt: Politiker werden für Versprechungen belohnt, die weder finanzierbar sind noch von ihnen verantwortet werden müssen. Die Mehrheitsdemokratie bewirkt zusammen mit progressiven Steuertarifen, dass immer weniger Steuerzahlende einen immer grösseren Anteil der Staatsausgaben finanzieren: Demokratie diskriminiert die »Reichen«.

Die Fakten bezüglich Steueraufkommen und Verteilung der Steuerlasten werden von der Mehrheit negiert, weil sie davon profitiert. Sie glaubt im Gegenteil, kein Staat hätte Schuldenprobleme, wenn die »Reichen« die gesetzlichen Steuern zahlen würden. Diese Mehrheit sichert sich dank ihrer Stimmkraft die Entscheidungsmacht, den Mechanismus der Umverteilung beizubehalten.

Teil III:Alternative

Das gewichtete oder proportionale Wahl- und Stimmrecht ist ein Vorschlag zur Reform der Demokratie. Es führt eine Relation ein zwischen der Steuerleistung einer Person und ihrem politischen Wahl- und Stimmrecht. Dieses Proportionalstimmrecht soll das heutige Personalstimmrecht ergänzen oder ersetzen, das jedem Stimmberechtigten das gleiche, einheitliche und allgemeine Stimmrecht gewährt.

Das Proportionalstimmrecht wird in absehbarer Zeit kaum auf friedlichem und verfassungsmässigem Weg eingeführt. Die historischen Erfahrungen mit Paradigmenwechsel sowie die Angst der Mehrheit vor Verantwortung werden das wohl verhindern. Es ist anzunehmen, dass erst der Bankrott von demokratischen Staaten – mit all seinen verheerenden Konsequenzen – den Durchbruch des Proportionalstimmrechtes bewirken kann.

Literaturverzeichnis

Ha Lo, geboren in Herisau, Appenzeller von Heiden, Studium der Rechtswissenschaften, Kommunikation und Journalismus in München, Zürich, Lugano und Los Angeles, promovierter Jurist. Tätigkeit bei Zeitungen, Radio und Fernsehen, als Kommunikationsberater und Geschäftsführer.

Vom gleichen Autor:
Leben und Theater des Jón Laxdal
Menschenrechte: Kommunikation und Lebendes Recht